Karl Rolf Seufert
Die Schätze von Copán

Karl Rolf Seufert

Die Schätze von Copán

John Lloyd Stephens entdeckt die Hochkultur der Mayas im Dschungel Mittelamerikas

Arena

1. Auflage 1972

Schutzumschlag und Einband: Jri Jaroslaw Janeček
Karte von Dieter C. Schubert
Die Illustrationen auf Seite 23, 32, 64, 71, 80, 97, 105, 112, 121 sind Stephens' Buch *Incidents of Travel in Central America, Chiapas and Yucatán* entnommen; alle übrigen Illustrationen stammen aus dem Archiv des Verfassers
Gesamtherstellung: Tagblatt-Druckerei KG Haßfurt
ISBN 3 401 03646 7

Es ist mir nicht gegeben, die Atmosphäre zu vermitteln, die jene Einsamkeit des tropischen Urwaldes schuf, in dem die Kunstwerke in ihrer schweigenden, feierlichen Fremdartigkeit standen – überreich an Ornamentik und Verzierung und zugleich so vollkommen verschieden von dem Kunstschaffen anderer Völker –, rätselvoll symbolisches Erbgut aus der Geschichte eines unbekannten Volkes.

John Lloyd Stephens

1

Die »Vera Paz« hatte schließlich Kurs auf die Küste von Honduras genommen, und zum erstenmal erhaschte John Lloyd Stephens einen Blick auf die leuchtende Sperrmauer der Tropen. Das war jetzt endlich der richtige Urwald, der wilde, unberührte Dschungel Zentralamerikas. Die undurchdringlichen Ufer mit ihren stillen, sumpfigen Buchten strotzten von schmarotzerischen Blüten, Annemonen und Orchideen – blaß rosa, malvenfarben, ein leuchtendes Rot, ein schneeiges Weiß –, Seerosen und zarte Liliengewächse, wohin er auch blickte.

Stephens hatte den breitkrempigen Hut tief in die Stirn gedrückt. Die Hitze war so spürbar wie die betäubenden Düfte des Dschungels, die schwer über das Wasser herantrieben. Wie eine ungeheuerliche weiße Wolke hing die Sonne über dem Schiff, wahnwitzig und würgend. Sie schien ein eigenes Leben zu besitzen. Ein Katarakt von Licht stürzte aus dem farblosen Himmel, flimmerte über dem Meer mit silbernen Glanzlichtern und sickerte durch die Mangroven- und Bananenblattdickichte.

»Dinner ist fertig, Señor.«

Der Küchenjunge war unbemerkt herangekommen und

rieb sich verlegen die schmutzigen Hände an den ausgefransten Hosen.
Es wäre Zeit gewesen, zum Essen nach unten zu gehen. Catherwood wartete sicherlich schon. Stephens wußte es. Aber er war nicht hungrig – nicht bei dieser Hitze. Außerdem hielten sich die Künste des indianischen Kochs durchaus in bescheidenen Grenzen, zumindest an amerikanischen oder europäischen Verhältnissen gemessen. Pfefferschoten, stellte er fest. Er roch das gedämpfte Rindfleisch und die Tortillas, den Maisbrei und die heißen Brötchen.
»Dankeschön«, sagte er, »aber ich habe noch keinen Hunger. Morgen früh kannst du wieder mit mir rechnen.«
»Sie sollten tatsächlich etwas essen«, mischte sich eine Stimme ein. »Sie werden es brauchen können. Felipes Dinners sind wahrscheinlich nicht so, daß man sich in New York oder Paris darum reißen würde. Aber in weniger als einer Woche würden Sie jederzeit zwei Stunden Fußmarsch für seine Pfefferschoten und Tortillas auf sich nehmen.«
Der spanische Kapitän kam heran. Er hob sein Glas und fuhr sich in fast herausfordernder Mattigkeit mit einem Taschentuch über die Stirn. Der Schädel schien aus Elfenbein geschnitzt, erschreckend empfindlich, glatt und kahl. Er starrte auf den Urwald wie auf einen Feind; sein Profil schien von Hitze, von Leiden und Mühsalen bis zum Skelett abgeschält zu sein.
»Verzeihen Sie«, sagte er mit seiner melodischen Stimme. »Ich weiß natürlich, daß mich das gar nichts angeht, was Sie oder Señor Catherwood tun ... Aber wenn Ihnen das Wort eines alten Mannes auch nur das geringste gilt, dann essen Sie. Wenn man erst einmal damit

anfängt, sich von der Hitze beeinflussen zu lassen, ist man auch bald am Ende. Glauben Sie mir, ich weiß, wovon ich rede.«

Frederick Catherwood kam heran. »Sie verzichten auf das Dinner, habe ich gehört. Mir dreht es schon den Magen um, wenn ich bei dieser Hitze nur das Essen rieche.«

Stephens lächelte und wandte sich dem Kapitän zu. »Wie lange fahren Sie schon diese Route?«

Der Kapitän nahm einen tiefen Schluck. »Siebzehn Jahre«, murmelte er. »Golf von Mexiko – Yukatan und die Bay von Honduras ... Immer die gleiche Strecke, dieselben Häfen, dieselben Gesichter – und je länger man es tut, um so weniger kann man es verstehen«, sagte er mit einem verzweifelten Versuch zu grinsen. Er warf Stephens einen Seitenblick zu. »Aber Sie? Warum in aller Welt kommen Sie hierher? Haben Sie das nötig? Sie besitzen einen Diplomatenpaß, wie ich gesehen habe.«

»Señor Stephens ist Sondergesandter bei der zentralamerikanischen Regierung«, warf Catherwood ein.

»Es ist mein erster diplomatischer Auftrag«, sagte Stephens.

Der Kapitän nickte und wandte sich Catherwood zu. »Und Sie, Señor? Sind Sie auch Diplomat?«

Catherwood schüttelte den Kopf. »Ich bin Engländer. Gelegentlich zeichne ich ein wenig. Falls Sie das als Beruf anerkennen.«

»Señor Catherwood ist ein begnadeter Künstler«, sagte Stephens. »Seine Arbeiten werden mit Sicherheit unser Jahrhundert überdauern. Wir sind seit Jahren Freunde, und er begleitete mich auf meinen Wunsch hin ...«

»– etwa um die Indios und den Dschungel zu zeichnen?« fragte der Kapitän sarkastisch. »Na, das ist nicht meine Sache. Aber zentralamerikanische Regierung ... Wenn ich nur wüßte, was das ist.«

Das Schiff passierte eine Reihe muschelglänzender Sandbänke. Reiher schwammen in den spiegelglatten Buchten. Ein Zug Wasservögel erhob sich, unbeholfen und schwer. Das Meer kräuselte sich unter dem Hauch ihrer Schwingen. Ein schreckliches Kreischen und Schreien erfüllte die Luft.

»Ach ja«, murmelte der Kapitän und schaute den Vögeln zu. »Gehen Sie nicht zu tief hinein nach Zentralamerika. Versuchen Sie nicht, es zu verstehen. Das ist noch keinem gelungen. Lassen Sie sich nicht von den Strudeln hinunterziehen. Je tiefer Sie in die Dschungel eindringen, desto verderblicher werden sie. Lassen Sie es sich gesagt sein. Sie werden schließlich verrückt werden. Alle sind verrückt hier, wissen Sie — jeder auf seine ganz persönliche Art. Unheilbar verrückt ... Und wo«, fragte er nach einer Weile, »wollen Sie die zentralamerikanische Regierung finden?«

»Ach«, sagte Stephens, »das weiß ich noch nicht — noch nicht genau. Mein Ziel ist zunächst der Rio Dolce. Dann flußauf und weiter nach Izabal. Kennen Sie Copán?«

Der Kapitän musterte Stephens in jäher Überraschung. »Ist das der Grund, warum Señor Catherwood Sie begleitet? Die Ruinen von Copán ... Das ist es also. Die Zentralregierung werden Sie aber dort mit Sicherheit nicht finden. Was suchen Sie in Copán?«

»Vielleicht sind es tatsächlich nur Gerüchte. Man flüstert von Ruinen im Dschungel bei Copán, Resten einer alten Kultur«, sagte Stephens.

»Sie werden nichts finden. Es ist hoffnungslos. Schon der Versuch ist eine Idiotie.« Der Kapitän zuckte verächtlich die Achseln. »Sie werden in diesem Teil der Welt keine Kultur finden. Nur Niedergang, Zerfall . . .«, sagte er bitter. »Und allenfalls verstockte, räuberische Indianer, die Ihnen die Kehle aufschlitzten und Sie in Stücke reißen werden. Ich warne Sie, Señor.«

»Ich glaube, ich werde es wagen«, sagte Stephens lächelnd. »Im Grunde habe ich nicht viel zu verlieren. Tatsächlich fast nichts.«

»Sie wollen es wagen, wohl weil Sie ein mutiger Mann sind, wie?« In den Augen des Spaniers blitzte es belustigt auf. »Nehmen Sie meinen Rat an. Sie waren lange in Europa, in der Türkei und im Vorderen Orient, wie ich gehört habe. Gehen Sie dorthin zurück — nach Nordafrika, nach Ägypten oder meinetwegen auch nach Arabien. Klettern Sie durch die Trümmer von Karthago, von Byblos oder Persepolis, wenn Sie unbedingt Ruinen sehen wollen. Besuchen Sie die Pyramiden. Machen Sie eine Nilfahrt. Oder gehen Sie nach New York zurück und werden Sie Geschäftsmann — selbst das ist noch besser. Aber vergeuden Sie Ihre Zeit nicht hier unten. Das lohnt sich nicht.«

Er wandte sich ab und schlurfte dann, das leere Glas in der abgewinkelten Hand, mit gekrümmten Schultern davon.

Stephens und Catherwood lehnten sich schweigend auf die Reling. Kein Luftzug regte sich. Ein Schwarm Ibisse flog die Küste entlang. Ihre bleichen Schwingen leuchteten in der beginnenden Nacht. Eine halbe Stunde später schoß die Dunkelheit herab, als falle ein Vorhang. Nacheinander tauchten die Sterne hervor. Unglaublich leuchtend waren sie, unglaublich nahe. Fast konnte Stephens sie über den Baumwipfeln aufzischen hören.

2

Die »Vera Paz« war ein kurzatmiger, kleiner Dampfer, verwittert und verrostet, mit einer dicken Schmutzschicht überkrustet. Das Deck wimmelte von Fliegen, die Kabinen strotzten von Ungeziefer. Das ganze Schiff war erfüllt von den Ausdünstungen unzähliger, verendender Kerbtiere. Die Schotten krachten beständig, während ein fieberndes Gewimmer aus dem Maschinenraum drang und hin und wieder ein heftiger Krampf den Rumpf durchfuhr.

Sie bewegten sich nun dicht unter der Küste, und Stephens blickte auf die riesigen Schlingpflanzen, das Geflecht aus Efeu, die endlose Sperrmauer der Mangroven. Eine Stunde vor Sonnenuntergang näherten sie sich der Mündung des Rio Dulce. Im Schatten eines Feigenwaldes standen ein Dutzend Hütten, ärmliche Behausungen aus Holzpflöcken und Baumrinde, mit Cahoon-Blättern gedeckt. Die Indianer kauerten im Ufersand. Stumm und reglos blickten sie auf das Schiff.

»Kariben«, sagte der Kapitän. »Sie zählen sich selbst zu den ältesten Völkern Mittelamerikas. Trotzdem waren sie dumm genug, sich in die politischen Streitigkeiten hineinziehen zu lassen, und jetzt sehen sie sich plötzlich auf der Seite der Verlierer. Darum flohen sie zur Küste. Nun sitzen sie hier, schon seit Monaten, und warten.«

»Und werden sie zurückkehren können — irgendwann einmal?« fragte Stephens.

»Niemand kann das sagen, Señor.« Der Kapitän seufzte und entzündete seine Pfeife. »Ich weiß nicht«, sagte er müde, »ob wir diese Menschen jemals wirklich verstehen werden. Ob wir jemals begreifen können, was in ihnen vorgeht, was sie denken ... Es gibt Zeiten, da fühle ich, daß ich ihrem Geheimnis nahe bin. Ein bißchen mehr Geduld, mehr Behutsamkeit vielleicht und weniger Stolz, und das Dunkel wird sich lüften, denke ich. Aber eine Stunde später ist alles wieder vorbei. Sie blicken einen an, sie schweigen, und die Fühler ziehen sich zurück. Sie gleiten zurück in ihre unfaßbaren Tiefen wie Amphibien und verschwinden.«

Stephens schwieg. Eine lange Reihe von Kanus mit hellen Segeln fuhr zum Fischfang aus. Einige hundert Meter weiter draußen drehten sie bei; dann sprangen Jungen über Bord und tauchten ins Wasser, um die Fische in die Netze zu treiben.

»Hören Sie, Señor«, fuhr der Kapitän fort und klopfte mit der Pfeife auf die rostige Reling. »Sie denken vielleicht, der Indio ist nur so ein lachendes, tanzendes Naturkind. Sie denken, er ist einfach, er hat keine Fragen, keine Probleme ... Aber das ist ein gewaltiger Irrtum. Nur weil sie uns nichts davon sagen, weil sie darüber schweigen, meinen wir, sie existieren nicht. Hören Sie, ich sage Ihnen, ihre Verzweiflung geht sogar noch tiefer als die unsere. Wir haben ihre Kultur zerstört. Wir haben sie mit unserem Stolz, mit unserem Hochmut verwundet. Wir haben sie mit Schlägen in Schrecken versetzt und mit Terror zu unserer Lebensart zu bekehren versucht. Wir haben sie aus ihren Städten vertrieben und lassen sie in entfernten Bergwerken sterben. — Und was haben wir ihnen dafür gegeben? Was denn, genau genommen? Zivilisation? Die Früchte unserer europäischen Kultur? Wir zwangen sie dazu, ihre alten Götter, ihre Magie, ihre großartigen Gottkönige aufzugeben ... Und nun leben sie in äußerstem Widersinn und Verfall. Wir haben vielleicht aufgehört, sie Sklaven zu nennen, aber sie sind Sklaven — noch immer Sklaven, uns völlig ausgeliefert. Die wir zu Tieren gemacht haben, sind nun kaum mehr als Tiere. Denen wir die Seele genommen haben, besitzen nun keine mehr, und wir wundern uns in scheinheiliger Überheblichkeit . . . Warten Sie nur, bis Sie erst tiefer in die Dschungel vordringen und ihnen begegnen. Vielleicht haben Sie dann manchmal den Eindruck, daß die Indios Sie lieben, daß sie Ihnen vertrauen. Oder eines Tages glauben Sie sogar, daß Sie die Indios verstehen . . . Nichts als Selbsttäuschung, Señor. Sie mögen sich an die Indios klammern, ihnen helfen, sie unterstützen — aber ihr Herz werden Sie nicht gewinnen. In ihren Herzen ist nichts als taube Qual, nichts als Furcht. Nichts als ein ohnmächtiger, verzweifelter Haß . . .«

Eine Schlucht, tief und breit wie eine klaffende Hiebwunde, öffnete sich, und sie bewegten sich nun zwischen grünen Mauern wuchernder Bäume, höher noch als der Schornstein der »Vera Paz«. Nur gelegentlich sah Stephens den schmalen Fluß selbst: dunkles Wasser, das zwischen den Blättern silbern aufleuchtete, während es lautlos rasch dahinfloß. Das war Zentralamerika — ein unbekannter Strom, ein großes Schweigen, ein undurchdringlicher Wald. Die Luft war heiß, feucht und drükkend. Selbst die Sonne, die gelegentlich durch die Baumkronen blitzte, vermochte den Dämmer nicht aufzuhellen. Auf den Sandbänken tummelten sich Tapire, und Wildschweine grunzten in der Stille.

Stephens beobachtete eine Horde Alligatoren. Sie trieben dicht unter der Oberfläche, während ihre Schuppen beim Schwimmen einen Schweif von leichtem Gischt hinterließen. Nur ihre Augen mit den schweren Lidern standen

vor und schielten mordgierig nach allen Seiten. An einer moosigen Flußkrümmung löste sich eine Antilope aus dem Dickicht. Mit einer graziösen, zerbrechlichen Bewegung neigte sie den Kopf zum Wasser. In diesem Augenblick sprang ein lederner Pfeil senkrecht aus dem Fluß. Riesige Kinnbacken klappten und packten das Tier. Plötzlich ein gieriges Schäumen und Kreiseln. Dutzende anderer Krokodile stürzten aus dem Wasser und schnappten nach dem Opfer. Dann sanken sie mit ihrer Beute in die Tiefe. Die Wasser keuchten unruhig, rote Blütenblätter schienen für Sekunden an die Oberfläche zu treiben, dann trat wieder Stille ein.
Doch die Stille des Dschungels hatte nichts mit Frieden zu tun. Es war die Ruhe einer unversöhnlichen Kraft, ein lauerndes, brütendes Schweigen. Unmerklich sank die Nacht herab. Dunkelheit, Lähmung. Alles versank in den schwarzen Strudeln — Blüten und Bäume, Blätter und Insekten. Eine Stunde später ging der Mond auf. Bleiche Nebelstreifen trieben zwischen den Bäumen. Die Dunkelheit wurde durchsichtig. Ein dunstiges graues Gewebe legte sich über das Wasser. Schwerfällig ging das Schiff für die Nacht am Westufer vor Anker.

3

Sie hatten die Endstation erreicht. Die »Vera Paz« legte in Izabal an. Niemand erwartete sie. Nur der Zollbeamte stand einsam in der grellen Sonne, ein fetter Mestize mit der Miene eines spanischen Granden.
»Ihre Papiere, Señores!«

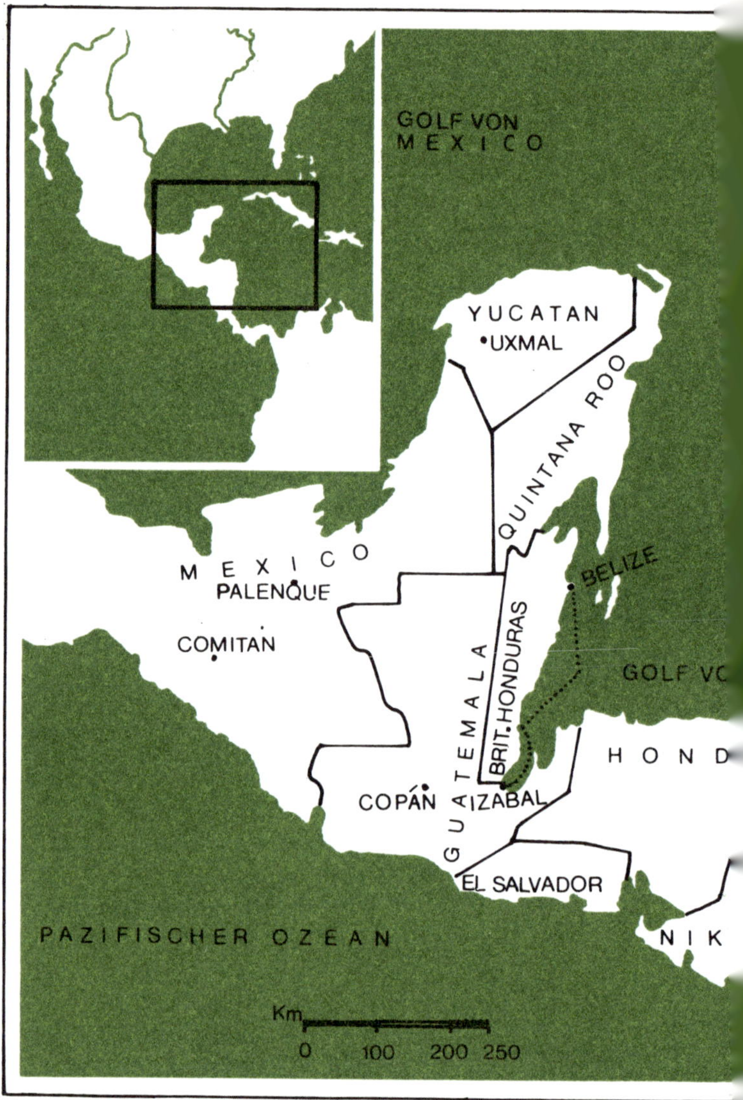
GOLF VON
MEXICO
YUCATAN
UXMAL
QUINTANA ROO
MEXICO
PALENQUE
COMITAN
BELIZE
BRIT. HONDURAS
GUATEMALA
GOLF VO
HOND
COPÁN
IZABAL
EL SALVADOR
NIK
PAZIFISCHER OZEAN
Km
0
100
200
250

HONDURAS
URAS
RAGUA

Stephens zog ein Bündel Dokumente aus der Tasche und zeigte sie ihm.
»Und die anderen Dokumente?«
Stephens schüttelte den Kopf. »Tut mir leid. Andere Ausweise besitzen wir nicht.«
Der Beamte machte eine Pause und strich seinen Bart. »Ich bedaure unendlich, Señor«, seufzte er, »aber diese Dokumente haben in Izabal keine Gültigkeit. Für diese Stadt braucht man eine — Sondergenehmigung.«
Catherwood drückte seinem Diener Augustin die Tasche in die Hand und kam wütend heran. »Was sagen Sie? — Sondergenehmigung? Dieser Señor ist Sondergesandter bei der Zentralregierung. Können Sie nicht lesen?«
Der Zollbeamte sah tiefbekümmert aus. »Es ist nicht meine Schuld, Señor. Die politische Lage ist im Augenblick nicht sehr stabil — leider, Señor. Ich habe meine Anweisungen — direkt vom Präsidenten Carrera.«
»Carrera, Carrera!« schnaufte Catherwood. »Der Präsident wird Ihnen die Ohren abschneiden, wenn er erfährt, daß Sie den Sondergesandten der Vereinigten Staaten belästigen.«
»Lassen Sie nur«, sagte Stephens. »Dieser Herr tut nur seine Pflicht.« Er wandte sich an den Mestizen. »Anweisungen — direkt vom Präsidenten«, murmelte er. »Sie müssen sehr gute Beziehungen besitzen. — Vielleicht können Sie uns eine Sondergenehmigung beschaffen?«
»Ich fürchte, das wird nicht einfach sein. Seine Exzellenz weilt nicht in der Stadt.« Er hielt eindrucksvoll inne. »Ich müßte einen Boten schicken. Er wäre ein paar Tage unterwegs . . . Er brauchte ein Pferd, Proviant . . .«
»Würden Sie das für uns erledigen, Señor?« Stephens drückte ihm einige Banknoten in die Hand.

»Das ist es, was ich andeuten wollte. Muchas gracias, Señor.« Der Mestize lächelte diskret und verbeugte sich. Catherwood schüttelte den Kopf. »Ich weiß nicht, ob das die richtige Art ist, mit diesen Leuten umzugehen«, sagte er. »Wenn sich das erst einmal herumspricht, machen wir keinen Schritt mehr ohne Geschenke.«
»Dafür lassen Sie mich nur sorgen«, erklärte Stephens ruhig. »Außerdem — wir haben ja keine Ahnung, wie diese Menschen leben müssen. Wahrscheinlich würden wir dann etwas milder denken. Und vergessen Sie nicht, der Mann hätte uns unbegrenzte Schwierigkeiten machen können. Daran gemessen, war es billig. Alles, was man für Geld bekommen kann, ist im Grunde billig.«
Sie schritten durch den Staub der Stadt entgegen. Stephens sah noch ein zweites Schiff vor Anker. Indios trugen Säcke an Bord. Stumm, gleichgültig schleppten sie die Lasten mit Ananas, Bananen und Zucker. Zimtgeruch erfüllte die Luft. Sie erreichten die ersten Häuser. Winzige Fenster mit malerisch schiefen Türen und schmiedeeisernen Balkonen unterbrachen die weißgekalkten Fronten. Schnurrbärtige Männer hockten in den Hauseingängen und sahen gelassen dem Straßenverkehr zu. Händler in leuchtend bunten Schultertüchern riefen ihre Waren aus. Halbnackte Kinder balgten sich mit hungrigen Hunden im Straßenschmutz.
Sie gelangten zur Plaza pública; auch hier herrschte das gleiche buntscheckige Treiben. Indianer, Mulatten, Mestizen, Neger feilschten miteinander oder hockten beim Glücksspiel.
»Ich war noch nie in Mittelamerika«, sagte Catherwood überrascht, »aber hier scheint jeder Tag ein Feiertag zu sein. Arbeiten diese Leute eigentlich auch?«

»Nicht, wenn sie es vermeiden können«, sagte Stephens. »Dafür zahlen sie dann auch keine Steuern.«
»Keine Steuern? Wie ist das möglich?«
»Ihr Einkommen ist so gering, daß es sich für die Regierung kaum lohnen würde. Darum macht sie sich auch gar nicht erst die Mühe, Steuern zu fordern.«
Einige Balsampappeln gaben den Blick in die Seitengassen frei. Für Stephens war es wie ein Blick in ein anderes Jahrhundert. Die schweren Häuser strömten Ruhe aus. Ihre blauen Schatten schienen sich vertraut und schützend über die Menschen zu neigen — eine Zuflucht vor der weißglühenden Sonne.
»Was dachten sich die Leute eigentlich, als sie diese krummen, verwinkelten Gassen anlegten?«
»Vermutlich gar nichts.«
»Die meisten sehen aus, als habe man sie einem wandernden Esel nachgezeichnet«, sagte Catherwood.
»Oh, soviel Mühe würde sich hier niemand machen. Glauben Sie mir, Sie werden nirgendwo auf der Welt mehr Individualisten auf so engem Raum beieinander finden wie hier — mit allen Vorzügen und Nachteilen, die das mit sich bringt.«
Die Kirche mit ihrem spanischen Barockportal beherrschte den Marktplatz. Einige Indianerfrauen in ihren weiten, leuchtenden Röcken, die Kleinkinder auf den Rücken geschnürt, knieten betend vor dem offenen Eingang. Ihre Augen waren auf den Hauptaltar gerichtet, wo zwischen Heiligenfiguren eine sanft lächelnde Madonna im Schein der brennenden Kerzen auf die Gläubigen blickte.
Der Kirche gegenüber befand sich die Polizeistation. Ein Junge, eine Schelle auf dem Strohhut, die bei jeder Bewegung beierte, stand vor dem Eingang Wache. Er hatte

die Muskete, die viel zu schwer für ihn war, gegen die Hauswand gelehnt, um sich ganz seiner selbstgedrehten Zigarre widmen zu können.

»Jetzt sehen Sie sich den Bengel an!« sagte Catherwood entrüstet. »Es ist höchstens zwölf Jahre alt und raucht Zigarren. Raucht in aller Öffentlichkeit! Man müßte ihm den Hintern vollhauen.«

»So weit würde ich nicht gehen, wenn Sie Ärger vermeiden wollen. Hier mißt man dem Rauchen nicht die gleiche Bedeutung bei wie in London. Hier raucht alles, von der Urgroßmutter bis zur fünfjährigen Urenkelin. Außerdem ist Tabak billig. Er wächst sozusagen wild hier — und er vertreibt den Hunger.«

»Sehen Sie! Jetzt ist er weg. Offensichtlich hat er doch ein schlechtes Gewissen.«

»Es sollte mich wundern, wenn er überhaupt weiß, was das ist.« Stephens wandte sich ihrem Diener zu, einem Mischling spanisch - französisch - indianischer Abstammung aus St. Domingo. »Was meinst du, Augustin? Der Kleine dort ist doch in deinem Alter. Warum ist er so plötzlich verschwunden?«

Augustin lächelte verhalten. Er war auffallend dürr, ein mageres Kerlchen mit einem überraschend großen Kopf. Seine Arme waren zu lang, seine Beine ein bißchen kurz und seine Füße viel zu groß. Er war in der Bucht von St. George heimlich mit dem Lotsen an Bord gekommen, um ein Büschel Bananen zu verkaufen. Der Kapitän hatte ihn im ersten Zorn, als er den blinden Passagier entdeckte, ins Meer werfen wollen. Aber Stephens hatte sich des Kleinen angenommen. Seit dieser Stunde war Augustin nicht mehr von seiner Seite gewichen.

»Er meldet die Ankunft der weißen Señores«, sagte Augustin. Er sprach ein recht gewähltes, singendes Spanisch, besser als es Stephens je sprechen würde, wie er manchmal vermutete. Daneben beherrschte der Kleine mehrere indianische Dialekte, außerdem radebrechte er ein leidliches Englisch.

In diesem Augenblick marschierte ein Trupp bärtiger Gestalten aus dem Tor. Die Musketen nachlässig umgehängt, barfuß, in Baumwollhosen und überhängenden Hemden, die dringend hätten gewaschen werden müssen, trotteten sie durch den knöcheltiefen Staub. Die meisten waren nur gerade mittelgroß, ihre bärtigen Gesichter sahen aus, als hätten sie sich kaum jemals im Leben richtig sattessen können.

»Was sie wohl vorhaben? Sehr begeistert wirken sie nicht«, meinte Catherwood.

»Ich nehme an, der Zollbeamte hat den örtlichen Polizeikommandanten von unserer Ankunft unterrichtet, und nun heißen sie uns willkommen.«

»Das kann teuer für Sie werden.«

Stephens lächelte. »Sie vergessen, daß ich sozusagen in offizieller Mission hier bin. Ich nehme an, die Vereinigten Staaten werden sich ihr Prestige in Izabal einige Flaschen Palmwein kosten lassen.«

Der Polizeikommandant, ganz Würde in seinem eilig ausgebürsteten blauen Tuchrock, den umgeschnallten Säbel an der Seite, trat ihnen stramm entgegen. Drei Schritte vor Stephens salutierte er militärisch.

»Exzellenz, es ist uns eine außerordentliche Ehre, den Sondergesandten der Vereinigten Staaten hier begrüßen zu dürfen.«

»Ich danke Ihnen, Kommandant«, sagte Stephens leise und reichte ihm die Hand. »Die Ehre ist ganz auf meiner

Seite. Nehmen Sie meinen Dank für Ihren herzlichen Empfang entgegen. Bitte sagen Sie auch Ihren Männern, daß ich mich sehr gefreut habe.«

»Exzellenz, ich bin überwältigt und beglückt.«

Er verbeugte sich, machte Anstalten, Stephens zu umarmen, aber da dieser ihm nicht entgegenkam, begnügte er sich damit, dem Amerikaner erneut die Hand zu schütteln.

Sogar Catherwood empfing einen Händedruck.

»Werden Exzellenz länger in Izabal bleiben?«

»Eine interessante Frage.« Stephens lächelte. »Aber vielleicht könnten wir sie irgendwo im Schatten erörtern.«

»Aber selbstverständlich! Ich bin untröstlich, Sie in dieser barbarischen Hitze festgehalten zu haben. Können Exzellenz mir noch einmal verzeihen? Wenn ich bitten dürfte – nicht in die Kommandantur. Dort ist mein Haus.«

»Es wäre mir eine Ehre, wenn ich Ihren Männern mit einigen Flaschen Wein meine Hochachtung beweisen könnte.«

»Die Leute werden entzückt sein, Exzellenz. Ich würde zwei Dutzend Flaschen für angemessen halten. Die Rechnung darf ich Ihnen später zuleiten. Die Männer werden es nicht versäumen, sie auf Ihr Wohl zu leeren, Exzellenz.«

Er sprach flüsternd mit dem Sergeanten und schwenkte dann die fette braune Hand in Richtung der Seitenstraße. Das Haus war klein und sah um Jahrhunderte älter aus, als es sein konnte. Eine Dienerin öffnete und sank in einen tiefen Knicks. Sie war barfuß.

Wenig später erschien die Herrin des Hauses; sie trug einen schwarzen Schal und Ohrringe aus Türkisen. »Bitte kommen sie herein«, sagte sie, »mein Haus ist das ihre, Caballeros.«

Es gab nur drei fast leere Räume. An der rissigen Wand des Wohnzimmers hing ein silbernes Kruzifix. Der Boden bestand aus festgestampfter Erde. Die Luft war kühl, beinahe feucht. Es gab einen Tisch, der vor einer breiten Lehmbank mit indianischen Stickereien stand. Der anschließende Raum sah dem ersten ähnlich. Die Küche war mit ein paar Borden für Geschirr ausgestattet und einem riesigen gemauerten Herd mit einem Kesselhaken und einem Bratspieß darüber. Eine Kollektion von Pfannen und Töpfen hing von der Decke herab.

Von der Küche gingen sie in den Patio, einen kleinen Hof, an dessen hoher Lehmziegelwand Hibiskus blühte. Sie nahmen auf Matten Platz, und Minuten später brachte die Dienerin eine Flasche Tequila. Stephens hörte ein erregtes Flüstern und Türenschlagen, dann erschien das Mädchen mit drei Gläsern. Offensichtlich hatte man sie eilig aus der Nachbarschaft zusammengeborgt.

»Mein Name ist Don Juan Penol.« Der Kommandant hob sein Glas zum Doppelkinn. »Gestatten sie einem Offizier dieser glorreichen Republik, auf ihre Gesundheit zu trinken, Señores.«

Man leerte die Gläser, und die Dienerin füllte sie sofort wieder.

Stephens erhob sich. »Es ist uns eine ganz besondere Ehre, auf das Wohl eines so bedeutenden und tapferen Offiziers zu trinken, eines Caballero, der die Bürde der Verantwortung für die Sicherheit dieser Stadt in so hervorragender Weise trägt.«

Der Kommandant lächelte geschmeichelt. Seine Augen verschwanden fast in den Fettwülsten.

Die Stadt Izabal

»Auf ihre Gesundheit, Caballeros, und den Erfolg ihrer Reise.«

Es folgten weitere Trinksprüche, und als die erste Flasche geleert war, fanden alle es nur selbstverständlich, daß Stephens eine zweite kommen ließ.

»Mein Magen würde einen weiteren Tequila freudig begrüßen«, gestand der Kommandant.

Bei dieser Flasche mischten sich unmerklich die Geschäfte in die Unterhaltung, und als das einmal geschehen war, konnte man sie nur noch zu einem guten Ende bringen, wobei Stephens als Diplomat und Don Juan Penol als Patriot eine bewundernswerte Delikatesse bewiesen.

»Wann wollen Exzellenz die Stadt wieder verlassen?«

»Morgen früh«, sagte Stephens zwischen zwei Schlucken. »Aber dazu brauchen wir drei Reittiere und zwei Packtiere. Kennen Sie einen ortskundigen Treiber?«
Der Kommandant runzelte mit einiger Anstrengung die Stirn, aber nachdem eine angemessene Zahl von Silbermünzen in seine Hände übergegangen war, schien ihm das Nachdenken leichter zu fallen.
»Oh gewiß, Exzellenz«, gestand er. »Ich glaube, es gibt einen solchen Mann — Gonzales, der beste Treiber in Izabal. Nur billig ist er nicht und wohl auch nicht der angenehmste Gesellschafter.«
Stephens nickte. »Er soll uns auch nicht unterhalten, sondern die Tiere betreuen und uns auf dem sichersten und kürzesten Weg nach Copán führen. Mehr verlangen wir nicht. Könnten wir einmal mit ihm sprechen?«
»Sie wollen selbst mit ihm reden?« fragte der Kommandant verblüfft. »Das wird nicht nötig sein. Ich werde ihm sagen, daß ich seine Frau an die Indios verschenke, wenn er nicht tut, was ich von ihm will.«
»Das klingt überzeugend«, murmelte Catherwood.
»Immerhin könnte ich mir denken, daß er noch einige Vorbereitungen zu treffen hat«, wandte Stephens ein.
»Vorbereitung? Er wird morgen früh seinen Gürtel umschnallen und den Tieren den Sattel überwerfen. Mehr ist da nicht zu tun.«
»Trotzdem«, sagte Stephens höflich, »trotzdem würden wir ihn gerne einmal sehen.«
Sie fanden Gonzales im Innenhof seines Hauses, wo er unrasiert zwischen zwei Indianern am Boden saß, den Rücken gegen die Hauswand gelehnt, einen Dolch kennerisch in der Hand wiegend. Offensichtlich befanden sich die drei gerade in einem Wettkampf. Vor ihnen,

etwa dreißig Schritte entfernt, stand eine leere Kiste, auf die man mit Kreide mehrere Kreise als Zielscheibe gemalt hatte. Zwischen ihnen stand ein bauchiger Fünf-Liter-Krug, aus dem sie sich zwischen den Runden stärkten.
Stephens grüßte und reichte Gonzales seinen Ausweis. Der Treiber, ein schlacksiger Kerl mit dichtem schwarzem Pferdehaar, langem Hals und kleinem Kinn besah ihn mit halbgeschlossenen Augen von allen Seiten und reichte ihn dann ungelesen zurück.
Stephens erkundigte sich, ob er auf seinen Reisen schon einmal bis zum Copán gekommen sei.
Der Treiber schüttelte den Kopf. »Gefährliche Gegend, Bruder.« Darauf nahm er einen kräftigen Schluck aus dem Tequilakrug. »Wer sind Sie eigentlich?«
»Ich denke, das haben Sie aus dem Paß ersehen.«
»Paß? War das nicht ein Brief? Ich kann gar nicht lesen«, gab er zu.
»Das macht nichts. Schließlich sollen Sie ja auch nicht die Schule übernehmen. Wir brauchen einen Führer und fünf Maultiere zum Copán. Sie wurden uns von Señor Penol, dem Polizeikommandanten, empfohlen. Er ist auch sicher, daß wir uns über den Preis einigen werden.«
Gonzales schien die Worte nicht gehört zu haben. Er war plötzlich ganz damit beschäftigt, den Dolch auszubalancieren. Dann flog die Waffe wie ein silbernes Insekt dicht an Stephens Schulter vorbei und blieb mit zitterndem Griff in der Kiste stecken. Er hatte das Zentrum nur um Zentimeter verfehlt.
»Señor«, sagte Stephens. »Ich habe Ihnen ein Angebot gemacht.«
»Bin ja nicht taub. Trinken Sie einen Schluck?«
Er reichte Stephens den Krug. Stephens nippte an dem

Getränk, verschluckte sich und keuchte vor Atemnot. »Mein Gott, Mann, was trinken Sie da? Flüssiges Feuer? Das brennt ja wie die Hölle.«

»Sie haben wohl noch nie mit Indianern zu tun gehabt, Kamerad, was?« Er deutete mit dem Kopf auf seine beiden Begleiter. »Etwas Tequila, viel Wasser und eine Handvoll Pfeffer.«

»Wollen Sie sich nicht endlich zu unserem Angebot äußern?« fragte Catherwood ungeduldig.

»Äußern?« fragte der Treiber. »Was ist denn das schon wieder?«

Catherwoods Ohren waren rot geworden. »Haben Sie nicht den Eindruck, daß Sie sich verdammt viel herausnehmen, Señor?«

Einer der Indios hatte den Dolch aus der Kiste gezogen, und Gonzales schleuderte ihn erneut. Diesmal durchbohrte er das Zentrum.

»Das war nicht schlecht, Amigo«, sagte Stephens. »Sie haben eine schöne Wurftechnik. Wir brechen morgen früh mit dem ersten Licht auf. Wenn es Ihnen recht ist.«

»Mir ist alles recht, was Sie tun«, erklärte der Treiber.

»So soll es auch in Zukunft bleiben«, sagte Stephens. »Damit kommen Sie bei uns am weitesten. – Zeigen Sie doch mal her!« Er trat vor und entriß Gonzales den Dolch. Einen Atemzug später flog die Waffe über seine Schulter und durchbohrte die Zielscheibe.

»Manchmal leistet einem ein Dolch schon gute Dienste – falls man damit umzugehen versteht, Amigo. Üben Sie nur fleißig weiter. Und verlieren Sie den Mut nicht.«

Gonzales war aufgesprungen und drängte sich an den Indianern vorbei zur Kiste. Nach einer Minute brütenden Starrens spuckte er zur Seite und fragte: »Wollten Sie in

die Mitte treffen, Señor? Oder war das nur Ihr verdammtes Glück?«
»Ach, Amigo«, sagte Stephens, »ich glaube, da sollten Sie lieber einmal raten.«
Gonzales zog den Dolch aus der Kiste. »Ich habe schon immer gesagt, daß der Copán ein interessanter Fluß ist. Wann, sagten Sie, brechen wir auf? Und wie viele Maultiere wollen Sie?«
»Fünf. Morgen früh mit dem ersten Licht«, sagte Stephens. »Und sorgen Sie dafür, daß Sie selbst ein Reittier haben. Es sei denn, Sie wollten zu Fuß gehen.«
»Nicht, wenn es sich vermeiden läßt, Señor.«

4

Gonzales kannte den Karawanenweg in das Innere wie seine Hand — gelblicher Staub, der von den Tieren aufstieg, Peitschenknallen, Rufe, Maultiergeschrei, ausschlagende Hufe. Es gab für einen Fremden keinen erkennbaren Pfad, nur mannshohes Gras, Kakteendickichte mit langen, tückischen Stacheln, die schmerzhafte, eiternde Wunden stachen, und hier und da eine Baumgruppe, die zur Rast einlud.
Stephens ritt auf seinem mausgrauen Maultier dicht hinter Gonzales, der seine zwei Indianer zur Betreuung der beiden Packtiere am Ende des kleinen Zuges gehen ließ. Vielleicht hatten sie mit dem Treiber gar keine schlechte Wahl getroffen. Jedenfalls hatte Stephens in den zwei Tagen, die sie jetzt unterwegs waren, noch keinen Grund zur Klage gefunden. Hart, umsichtig und zäh führte

Gonzales die Karawane – keine Aufsässigkeiten, keine Erpressungsversuche, keine Vertraulichkeiten. Vielleicht hatten auch die unmißverständlichen Warnungen des Polizeikommandanten ihren Anteil daran. Überraschend war Don Penol noch vor dem Aufbruch erschienen, um Stephens einen Brief zu überreichen, eine Empfehlung an seine in Gualán wohnende Schwester.

Die Stunden gingen vorüber, eine nach der anderen. Die Maultiere trotteten immer langsamer. Am Nachmittag bewölkte sich die Sonne, und es begann zu regnen. Zuerst war es angenehm, denn der Regen war kühl, aber bald weichte der Boden auf, und die Hufe der Tiere bespritzten die Reiter bis in die Gesichter mit Dreck. Nach und nach wurden die Männer völlig durchnäßt. Mit niederhängenden Köpfen und mit abwärts gerichteten Gewehren, um das Eindringen des Regens zu verhindern, setzten sie den Marsch fort.

An diesem Abend rasteten sie an den Ufern eines Baches. Die Indios sattelten ab und ließen die Tiere grasen, dann sammelten sie trockenes Holz und entzündeten ein Feuer.

Während Stephens und Chaterwood ihre Kleider trockneten, buk Augustin auf einem flachen Stein, den er ins Feuer legte, Tortillas.

Die beiden Indios hatten sich etwas abseits gelagert. Nach der Abendmahlzeit kam Gefiederte Schlange, der ältere der beiden heran. Er trug einen karierten Rebozo, wie ihn sonst die Frauen liebten, und ausgefranste Baumwollhosen. Ein Silberkreuz baumelte ihm am Hals.

»Palmwein?« fragte er.

Stephens schüttelte den Kopf. Mit Augustins Hilfe erklärte er Gefiederter Schlange, daß es erst jenseits des

Passes Tequila geben würde. Gefiederte Schlange streckte die Zunge heraus und zerrte am Hals.
»Sehr durstig«, sagte er. »Mi chi, tequila.«
Stephens gab ihm etwas Tabak.
So verging der nächste Tag, an dem es erneut regnete, und der übernächste, an dem ein wahrer Wolkenbruch niederging und den Boden für Stunden in einen grundlosen Sumpf verwandelte. Doch die Gegend hatte sich verändert, die Hügel erhoben sich steiler, und einige waren mit hüfthohem Kakteengestrüpp und breitblättrigen Pflanzen bewachsen. Zum ersten Mal, seit sie die Stadt verlassen hatten, sahen sie sich rings von steilen Bergen eingeschlossen, ein lavendelblaues Gewoge kahler Felsen, die beinahe senkrecht in den dunstigen Himmel ragten.
Umsichtig verfolgte Gonzales, auf seinem Maultier hängend, riesige Sporen an den nackten Füßen, den Weg, der sie morgen zum Paß hinaufführen mußte. Eine Stunde vor dem Einbruch der Dunkelheit erreichten sie einen Wald, der jedoch nicht so dicht war, um einen Dschungel zu bilden. Winzige, zottelohrige Affen sprangen mit ärgerlichen kleinen Schreien durch die Äste. Grüne Sittiche flatterten närrisch pfeifend vorbei, und hier und da ein Kakadu, der einen prachtvollen Federbusch hinter sich herzog. Auf einer Lichtung saßen sie ab, um für die Nacht zu rasten. Während Augustin Tee kochte, verschwanden die beiden Indios lautlos im Unterholz.
»Was haben sie plötzlich?« fragte Stephens.
Gonzales zog die Satteltasche mit seinen Habseligkeiten zu sich heran und legte seine Pistole deutlich sichtbar darauf.
»Wir kriegen Besuch«, sagte er. »Ganz in der Nähe ist

eine Siedlung der Kariben-Indianer. Wahrscheinlich kommt der Häuptling. Die Gefiederte Schlange schätzt die Kariben nicht. Er sagt, sie seien alle nur blutige Bastarde. Ein Karibe habe seinen Großvater getötet, behauptet er — wahrscheinlich weil er gerade Tequila stehlen wollte. Für uns aber kein Grund zur Beunruhigung, Señor.«

Ein alter Mann, um den Hals eine Kette aus Habichtkrallen, trat langsam zwischen den Bäumen hervor. Das runzelige Gesicht wirkte mager und verzogen; sein Blick war nach innen gekehrt, angespannt, gequält. Er verbeugte sich und grüßte. Er sprach ein langsames, deutliches Spanisch, das Stephens und Catherwood gut verstanden.

»So haben die Gerüche also doch nicht getrogen und ihr seid gekommen.« Sein Blick wanderte von Catherwood zu Stephens. »Wir wissen, warum ihr gekommen seid«, murmelte er.

»So«, sagte Stephens zurückhaltend, »und warum sind wir gekommen?«

»Um unsere Götter zu stehlen«, seufzte der Häuptling. »Ihr wollt sie aus den alten Tempeln holen und mit in eure Heimat nehmen.«

Stephens beruhigte ihn, daß dies nicht ihre Absicht sei. Der Häuptling hörte ernst zu, blieb aber ungläubig.

»Wir Kariben zählen zu den ältesten Völkern in Zentralamerika«, sagte er mit Nachdruck. »Wir waren hier vor den Mayas und sogar vor den Olmeken, denn wir sind älter als sie. Unsere Ahnen sind die Abkömmlinge der Götter. So waren wir das erste Volk, das die Sonne und den Mond verehrte und den Dschungel Zentralamerikas bewohnte. O ja, wir sind sehr alt. Zu alt, vielleicht.

Zu müde. Darum kämpften wir auch nicht gegen die weißhäutigen Fremdlinge, als sie in unser Land einbrachen, unsere Felder zerstörten, unsere Hütten verbrannten und unsere Altäre zerschlugen.«

Ein Vogel schwang sich mit einem heiseren, tiefen Schrei aus einem der Bäume, ein kleiner, leuchtend bunter Vogel mit meerblauen Schwingen. Er tauchte herab und flog, geblendet vom Feuerschein, einen Kreis, ehe er wieder in das Dunkel flüchtete.

Der Häuptling legte Stephens die Hand auf die Schulter. »Hast du ihn gesehen?« fragte er. »Der Dämonenvogel. Er deutet den Wissenden die Zukunft . . .«

»Wirklich?« sagte Stephens. »Und was bedeutet sein Kommen?«

Der alte Mann schien zu schlafen. Mit geschlossenen Augen kauerte er am Feuer. Seine goldenen Ohrringe glitzerten im Flammenschein. »Alle Botschaften sind geheim«, flüsterte er.

»Gute Nachrichten oder schlechte?«

»Alle Botschaften sind schlechte Nachrichten«, sagte er düster. »Aber euch wird nichts geschehen. Nicht den weißen Männern. Immer nur den Indios . . . Als wir gegen Morazán Partei ergriffen, mußten wir fliehen. Wir flohen hierher. Wir dachten, hier seien wir endlich in Sicherheit. Aber nun werden wir wahrscheinlich unsere Flucht fortsetzen müssen.«

»Vielleicht solltet ihr doch noch etwas warten«, sagte Stephens zögernd. »Ein paar Tage, ein paar Wochen . . . Ich würde mich in meinen Entscheidungen nicht so völlig dem Orakel des Dämonenvogels unterwerfen.«

»Unterwerfen?« Er schoß Stephens einen durchdringenden Blick zu. »Wir unterwerfen uns niemandem, aber wir

Das Maya- oder Maiskreuz
auf der Grabplatte von Palenque

können es uns nicht leisten, ein Wagnis einzugehen«, sagte er scharf. »Für uns ist das eine Frage des Überlebens.«
Er erhob sich und blickte auf Stephens und Catherwood herab. Dann verbeugte er sich und stapfte davon. Eine

geheimnisvolle Traurigkeit umhüllte ihn, fast wie eine Wolke.
»Was er nur hat?« murmelte Catherwood.
Gonzales rieb sich langsam das Kinn. »Sie waren dumm genug, sich in die politischen Streitigkeiten hineinziehen zu lassen. Und jetzt sehen sie sich plötzlich auf der Seite der Verlierer.« Er zuckte die Schultern. »Wer weiß, welche Hoffnungen man in ihnen weckte. Ich kenne die Parteigänger Morazáns. Morazán war einmal Präsident der Republik gewesen. Er hält sich jetzt in San Salvador auf, wenn die Gerüchte einmal ausnahmsweise die Wahrheit sagen ... Und ich kenne die Partei Ferraras. Er selbst treibt sich irgendwo in Honduras umher. Dann ist da noch Carrera. Er soll sich zur Zeit in Guatemala befinden. Ferrara ist Mulatte, Carrera Indianer. Beide wünschen einander die Pest ins Gesicht. Einig sind sie sich nur in ihrem Haß gegen Morazán ... Ich nehme an, die Kariben halfen Carrera, weil er Indianer ist wie sie. Geschickt sind diese Burschen mit der Machete. Geben Sie ihnen ein Messer in die Hand, und sie hauen einem springenden Floh die Schnurrhaare ab. — Trauen Sie keinem Indianer mit einem Messer in der Hand, Señor. Das ist mein Rat.«
Es raschelte im Gestrüpp. Gefiederte Schlange kehrte mit dem zweiten Indio zurück.
»Tequila?« fragte er Catherwood.
Catherwood schüttelte den Kopf.
Die Gefiederte Schlange zeigte wieder auf den Hals und streckte die Zunge heraus. »Sehr durstig. Mi chi, tequila.«
»Nicht heute abend«, sagte Catherwood, »sonst fällst du morgen zwischen die Maultiere.«
Unendlich langsam bewegte sich der Zug in der stechen-

den Vormittagssonne vorwärts. Über weite Strecken war der Boden mit lockerem Geröll bedeckt, das den Hufen keine Sicherheit bot. Immer wieder kam es zu Aufenthalten, weil eines der Tiere stürzte oder die Lasten verrutschten.

Gonzales führte die kleine Karawane nach Osten, Meile um Meile tappten Menschen und Tiere den Bergen entgegen, öden rostbraunen Vulkankegeln, die kaum merklich im Sonnenlicht zitterten. Drei Stunden nach ihrem Aufbruch erreichten sie den Fuß der Steilhänge. Ein Zug Flamingos flog die zerfressenen Berge entlang nach Süden, dem Dschungel entgegen. Sie schwebten über dem leeren Gestein dahin und ließen die Klauen nachschleppen. Dann waren sie plötzlich verschwunden; der Himmel wurde wieder bleiern und leblos.

Eine tiefe lavendelblaue Schlucht öffnete sich, und sie begannen den Aufstieg zum Paß. Als habe jemand eine Hochofentür geöffnet, spürten die Männer die Hitze zwischen den Felsen, eine schwere, trockene Hitze, die wie ein Messer schnitt. Niemand sprach mehr. Keuchend vor Atemnot und beinahe blind vor Schweiß, mit hochroten Gesichtern tappten sie den gewundenen Pfad empor. Stephens hob nur selten den Kopf. Seine Füße brannten in den schweren Stiefeln; er spürte die Pistole an der Hüfte, als schleppe er einen Stein mit sich. Er hätte Gonzales gern um eine Rast gebeten, aber er fürchtete das Eingeständnis seiner Schwäche und war ärgerlich auf sich selbst, weil er es nicht trotzdem tat.

Gelegentlich saß er für einige Minuten auf; aber das Reiten war auf dem tief ausgewaschenen Boden gefährlich, außerdem war es töricht, das Tier vorzeitig zu ermüden, das wußte er. Sobald sie sich einer kleinen Erhebung nä-

Astronomische Hilfsmittel der Maya

herten, war er überzeugt, die Höhe des Passes erreicht zu haben; aber dann mußte er regelmäßig erkennen, daß er nur wieder eine halbe Meile des sich windenden Pfades vor sich hatte, an dessen Ende eine weitere Kuppe aufragte.

Selbst die beiden Indios fühlten sich erschöpft und bettelten um eine Pause; aber Gonzales blieb stumm und taub.

»Wir müssen uns klarmachen, daß dieser verdammte Paß ziemlich ausgedehnt ist«, erklärte er schließlich und spuckte verächtlich zur Seite. »Vor dem Abend ist da nichts zu machen.«

Trotzdem ertappte sich Stephens dabei, daß er dem Treiber nicht glaubte. Wider alle Vernunft hoffte er auch während der nächsten Stunden immer wieder auf ein rasches Ende der Mühsalen. Jeder Schritt bedeutete eine Anstrengung. Die Gewitterstürme der letzten Wochen hatten in den von zahllosen Maultierkarawanen ausgetretenen Hohlweg knietiefe Rinnen gewaschen. Ständig strauchelten die Tiere, sanken in schmutzige Schlammlöcher, stürzten und wälzten sich verzweifelt in dem braunen Morast. Dabei lockerten sich die Lasten, ver-

schoben sich, und einzelne Gepäckstücke rollten bergab, bis sie an irgendeinem Hindernis hängenblieben.
Gegen Mittag machte Gonzales endlich eine Rast. Während der ersten Viertelstunde sprach niemand. Stephens hatte sich gegen einen Felsen gelehnt. Seine Beine zitterten, als befände er sich noch immer auf dem Marsch. So weit sein Blick reichte, war kein Ende der Plackerei abzusehen. Kamm auf Kamm baute sich vor ihnen auf. Weiter oben schien der Paß nur noch aus Felsen zu bestehen. Den Gipfel selbst konnten sie nicht einmal erspähen.Er lag in einer Wolkenkrone versteckt.
Neben ihm seufzte Catherwood. »Himmel, müssen wir dort hinauf?« keuchte er. »Was für ein Land.«
Stephens lauschte mit Unbehagen. »Es wird nicht immer so bleiben.«
»Ich bin, weiß Gott, nicht verwöhnt«, seufzte Catherwood. »Aber das ist mehr, als man einem Mann an einem Vormittag zumuten sollte.«
Ein Geräusch schreckte Stephens auf. Eine Steinlawine stürzte neben ihnen in die Tiefe. Sekunden später erschien eine Gruppe schwarzer Ziegen im Geröll des Abhangs. Erschreckt wandten die Tiere die spitzen Köpfe, bleckten die häßlichen Zähne und äugten aus ihren grünen Pupillen auf sie herab.
»Irgend jemand muß sie aufgeschreckt haben«, sagte Catherwood. »Wahrscheinlich bekommen wir Besuch ...«
»Ein Europäer«, sagte Stephens überrascht. »Zumindest sieht er aus, als sei er irgendwann einmal aus Europa gekommen.«
Eine hagere Gestalt mit einem buschigen Schnurrbart, über und über mit Schlamm bespritzt, rutschte ihnen, ein Maultier hinter sich herzerrend, entgegen.

»Sieh da, die ehrenwerten Gentlemen statten Mittelamerika einen Besuch ab — oder sollte ich vielleicht doch Caballeros sagen?« rief er auf englisch.
»Sie haben richtig vermutet«, sagte Stephens.
»Sie sind noch nicht lange im Land?«
»Ein paar Wochen.«
»Sind Sie etwa mit dem Schiff aus Europa gekommen?« fragte der Fremde begierig.
»Aus New York.«
»New York«, murmelte er. »New York. Unglaublich. Ich dachte, in New York macht jedermann nur Geschäfte.« Er zog ein rotkariertes Taschentuch aus der Jacke und fuhr sich damit über das schmutzige Gesicht. »Verzeihung«, sagte er. »Mein Name ist Peebles, Arthur Peebles, wenn's recht ist.«
»Uns ist es recht«, sagte Stephens und nannte ihre Namen.
»Ich bin Engländer«, sagte Peebles, »und früher sprach ich englisch wie ein Engländer. Aber das ist lange her. Das meiste habe ich vergessen, fürchte ich.«
»So etwas geht manchmal rasch«, sagte Catherwood verständnisvoll. »Ihr Englisch klingt, als stammten Sie aus London.«
»Also merkt man es doch noch. Ich dachte schon, das sei längst vorbei. Mein Gott, wenn ich jetzt London höre, könnte ich heulen.« Er hatte scharfe Augen und angegraute rote Haare. Die abgetragenen Hosen waren nachlässig in die Stiefel gesteckt. Darüber trug er einen verschossenen, vielfach geflickten Rock, halb Jacke, halb Mantel.
»Ich war in einem Büro in der City beschäftigt, müssen Sie wissen — Export, Import. Ein schöner, ruhiger Job,

wenn Sie mich heute fragen«, sagte er nach einer Weile. »Aber eines Tages hatte ich die Nase voll. Nicht daß etwas gegen mich vorlag. Ich hatte weder die Kasse geplündert noch die Zahlen frisiert. Ich hatte nur genug von allem ... Auf einem Frachter fuhr ich nach Mexiko – einfach so nach Mexiko. Das war vor sieben Jahren. Ich hatte keine Verwandten dort, keine Freunde. Niemand kannte mich. Zuerst arbeitete ich im Hafen. Eine Zeitlang war ich Viehtreiber. Ich nahm, was sich bot. Es machte mir nichts aus.«

Er schwankte ein bißchen, während er sprach, und Stephens hielt ihn für betrunken. Er hatte ein merkwürdiges Flackern in den Augen, und sein Mund zitterte unter dem feuchten, herabhängenden Schnurrbart.

»Vor drei Jahren fuhr ich nach Honduras. Ich fand auf einer Hazienda Arbeit. Eines Morgens ritt eine Bande Carrera-Anhänger auf den Hof. Einer von ihnen, ein gewisser Don Miguel, Leutnant nannte er sich, ein Schuft mit einem Fuchsgesicht, stellte sich im Fenster des Herrenhauses auf und hielt den versammelten Indios eine wilde Ansprache. Dann ließ er vier Mitglieder der Familie vor dem Stallgebäude erschießen.«

Stephens scharrte ungeduldig mit dem Fuß, in der Hoffnung, Catherwood würde den Wink verstehen. Doch Catherwood rührte sich nicht und hörte dem Fremden aufmerksam zu, dessen Stimme immer leiser wurde.

»Eine Woche später kam eine Horde von Ferraras Pistolieros an. Sie suchten nach versteckten Carrera-Banditen. Einer von ihnen, ein Flickschuster namens Diaz mit dem Gesicht einer Eidechse, erteilte den versammelten Indios einen scharfen Verweis, weil sie Carrera-Leute unbehelligt hatten ziehen lassen. Dann ließ er den Rest

Maya-Kalenderscheibe

der Familie hängen. Als abschreckendes Beispiel, sagte das kleine Schwein. Nur die stocktaube Großmutter kam mit dem Leben davon. Sie hatte das Geschehen in einer Hängematte verschlafen — und ich selbst. Ich hatte mich in einen Bananenhain flüchten können . . .«
Catherwood strich mitfühlend über den Arm des Mannes.
»Seit dieser Stunde kann ich keine Banane mehr sehen«,

fuhr er fort. »Sie bereiten mir Übelkeit. Es dreht mir den Magen um, wenn ich eine grüne Banane sehe.«

Catherwood nickte.

»Es ist verrückt«, murmelte der Abenteurer, »aber ich kann keine Banane mehr sehen ... Später begrub ich die Großmutter. Sie war gestorben, als sie nach und nach das Geschehen zu begreifen begann. Vorher vermachte sie mir den gesamten Besitz — die Herden und Plantagen und den Wald.«

Er zerrte ein Bündel Papiere aus der Brusttasche und blätterte darin. Catherwood beugte sich vor, um einen Blick darauf zu werfen. Da war das Testament mit den beglaubigten Zeugenunterschriften zwischen Rechnungen, Verkaufsabschlüssen und Gutachten. Er seufzte und steckte das Ganze wieder weg.

»Jetzt gehe ich nach England zurück und verkaufe die Hazienda. Sie wissen nicht zufällig einen Käufer?« fragte er hoffnungsvoll.

Catherwood schüttelte langsam den Kopf.

Schweigend stand er da und klopfte seinem Maultier den Hals. »Ich weiß nicht, was mit mir los ist. Vor vier Tagen fiel ich einem Trupp von Carreras Banden in die Hände. Wenn sie die Papiere bei mir gefunden hätten, hätten sie mich umgebracht. Aber sie fanden nichts. Dabei trug ich sie die ganze Zeit mit mir herum. Falls sie nach Hocatán kommen sollten, hüten sie sich vor diesen Leuten. Sie sind gefährlich. Sie töten aus reiner Langeweile. Ich warne sie, Gentlemen.«

»Dankeschön«, sagte Catherwood. »Wir werden daran denken.«

Er schüttelte den Kopf. »Manchmal verstehe ich mich selbst nicht mehr«, murmelte er. »Ich fürchte, daß ich

Der Kriegs- und Opfergott der Maya

den Verstand verliere, wenn ich noch länger in diesem Lande bleibe, in dieser Senkgrube. Nichts tut sich hier. Das fruchtbare Land ist in Wirklichkeit eine Wüste. In den Indios steckt keine Energie mehr. Das Klima trocknet sie aus. Das Fieber vergiftet sie. Die kleinen Diktatoren üben ihren Druck aus, rauben und plündern ... Ich gehe nach Europa zurück ... Wissen Sie, daß ich verheiratet bin? Fünf Jahre waren wir verheiratet. Es ging natürlich auf und ab wie in jeder Ehe. Wir wohnten in Billingsgate, am Fischmarkt ... Ich habe viermal nach Hause geschrieben. Aber nur einmal hat sie mir geantwortet. Das war vor drei Jahren. Glauben Sie, daß sie mir verziehen hat?«

Jetzt weinte er. Weinend holte er einen zerknitterten Brief hervor und küßte ihn.

»Sicher«, sagte Catherwood. »Sicher hat sie Ihnen verziehen. Sie ist doch Ihre Frau. Sie wartet auf Sie.«

»Ich war nicht gut zu ihr«, flüsterte er. »Trotzdem – trotzdem. Einfach nicht zu antworten ...«

Er schüttelte den Kopf und steckte den Brief wieder weg. Dann griff er nach dem Zügel und tappte langsam und verloren den Paßweg bergab. Stephens und Catherwood blickten ihm nach, wie er neben seinem Maultier durch den Schlamm stapfte, rutschte, Unebenheiten auswich und allmählich kleiner und kleiner wurde. Ehe er aus ihrer Sicht verschwand, drehte er sich um und winkte.

Schweigend holten Stephens und Catherwood schließlich ihre Tiere und setzten den Marsch fort. Abgründe tauchten neben ihnen auf, mehrere hundert Fuß tiefe Wände nackten Gesteins. Sie schleppten sich Geröllfelder entlang, kletterten über schulterschmale Grate weiter, kamen durch einen Hochgebirgswald und erreichten eine Stunde vor Sonnenuntergang den Paß.

Während sie sich mit zitternden Muskeln für die Nachtrast vorbereiteten, verblaßte das Licht um sie her. Still gingen die Schatten über die Felsen hin, unbegreiflich langgezogen, still sich vertiefend. Nichts regte sich auf den Gipfeln ringsum. Alles kehrte zu der alten, unvergänglichen Ruhe zurück, während die Dämmerung immer tiefer in die Wildnis kroch.

5

Sie erreichten Gualán drei Tage später, am frühen Nachmittag. Das war jetzt endlich wieder eine richtige Stadt mit weißverputzten Häusern, hohen Toren hinter blauen Schatten und schmiedeeisernen Balkonen. Bemalte Heiligenfiguren lächelten aus schattigen Nischen. Es roch nach Ziegenfleisch und heißen Tortillas. Unter malerisch schiefen Arkaden saßen Indiofrauen in großblumigen Röcken und weißen Hemden. Mangos, Papayas und Melonen leuchteten durch das Halbdunkel, dazwischen waren Ananasfrüchte gestapelt und Pyramiden aus Orangen und Bananen. Andere verkauften Töpferwaren, riesige Amphoren für Wasser und entkernten Mais, dickwandige Schüsseln, Kannen, Becher und Tellerschalen. Vor den weißen Mauern mit ihren winzigen, vergitterten Fenstern hockten die Bewohner, rauchten selbstgefertigte Zigarren oder aßen Melonenscheiben und spuckten die schwarzen Kerne genußvoll in den Staub der Gasse.

»Sieht aus, als hätten sie die Arbeit bereits hinter sich«, sagte Catherwood kopfschüttelnd. »Man könnte direkt neidisch werden.«

Gonzales beugte sich aus dem Sattel und sprach mit einem Mestizen, der ein paar mandeläugigen Mädchen mit den Blicken folgte.

»Sie begehen heute das Fest der heiligen Lucia«, meldete er, »der Schutzpatronin der Liebenden. Da arbeiten sie nicht.«

»Und morgen?«

»Morgen? Nach einem solchen Fest, das bis tief in die Nacht hinein dauert? Da werden sie vermutlich auch nicht viel tun«, gab Gonzales zu.

Ansicht von Gualán

»Arbeiten sie überhaupt jemals richtig?« fragte Catherwood, für den dieses Thema unerschöpflich war.
Der Treiber zuckte die Schulter. »Na ja, nicht sehr viel, würde ich sagen. Sie dürfen die Regenzeit nicht vergessen.«
»Und nach der Regenzeit?«
»Nach der Regenzeit«, bekannte Gonzales, »da kommt die große Hitze. Nichts als Staub und Trockenheit, Señor. Da macht die Arbeit auch keine große Freude, wie Sie zugeben müssen, Señor.«
»Aber irgendwoher müssen sie doch ihren Lebensunterhalt beziehen«, forschte Catherwood gereizt.
»Na ja, sie haben viele Kinder«, sagte der Treiber zögernd. »Da verlassen sie sich eben auf die Kinder, we-

nigstens die meisten. Ich will nicht sagen, daß sie sie zum Stehlen anhalten. Das tun diese Knirpse auch so. Es liegt ihnen gewissermaßen im Blut. Gualán ist für seine Diebe berühmt. Sie sind die tüchtigsten Diebe in Mittelamerika.«

Catherwood wurde nachdenklich, dann sagte er: »Vielleicht wären wir da besser vorsichtig heute.«

»Das wird wohl nicht notwendig sein«, sagte Gonzales leichthin. »Im Augenblick sind sie mit den Vorbereitungen für das Kirchenfest beschäftigt. Und morgen ruhen sie sich aus. Aber übermorgen sieht es wieder anders aus. Da garantiere ich für nichts.«

Sie erreichten die Plaza, einen weiten, palmenbewachsenen Platz, ockerfarben und leer, mit der Kathedrale, deren prunkvolle Fassade in der Sonne flimmerte. Überall standen Körbe mit Blumen, und Dutzende von Indiofrauen legten einen leuchtenden Blumenteppich. Tausende von Blüten, dicht verwoben wie Efeu, bildeten ein riesiges Kreuz, orangefarbene Bougainvilleas lagen neben herrlichen Schwertdahlien, blau wie böhmisches Glas, dazwischen Mandelblüten und Orchideen. Struppige Esel, jeder mit zwei mächtigen Körben beladen, schleppten weitere Lasten mit Blumen heran.

Sie bogen in eine der Gassen ab. Auch hier waren die Frauen dabei, die Häuserfronten mit Girlanden und Blumen zu schmücken. Sie kamen an einer Reihe winziger Läden vorüber. Vor einem Ausschank hockten die Männer beim Agavenschnaps, rauchend, gestikulierend und spuckend, und andere lehnten an den Hauswänden. Gonzales deutete auf ein Haus mit hohen Fenstern.

»Das wäre es dann für heute«, sagte er. »Morgen früh sehen wir uns wieder.«

Stephens nickte. »Und sorgen Sie dafür, daß die Tiere gefüttert sind. Wir wollen uns nicht länger als notwendig hier aufhalten.«

Gefiederte Schlange drängte heran, staubig und verschwitzt.

»Palmwein?« fragte er hoffnungsvoll. »Sehr heiß heute.«

Gonzales nickte.

»Durstig«, sagte Gefiederte Schlange und streckte die Zunge heraus. »Sehr trocken. Mi chi, tequila.«

»Aber Bruder«, sagte Gonzales, »warum hast du das nicht schon früher gesagt?«

»Geben Sie ihm etwas auf unsere Kosten«, sagte Stephens. »Aber an Ihrer Stelle ließe ich sie erst die Tiere versorgen. Und achten Sie darauf, daß sie morgen früh auf beiden Beinen stehen können. Wir wollen keinen Tag verlieren.«

»Klar«, sagte Gonzales. »Viel Wasser und Pfeffer.«

Die Tür mit dem bronzenen Klopfer war aus dunklem, schwerem Mahagoni. Ein Schloß kreischte. Sekunden später stand ein Indiomädchen vor ihnen, einen riesigen eisernen Schlüssel in der Hand. Ihre Glasperlenohrringe sprühten glitzernde Lichter durch die düstere, weite Halle, an deren Ende sich eine Treppe befand. Ein Bogen gab den Blick auf den Innenhof frei, der vom Haus völlig eingeschlossen war. Ein Gewirr von kleinen Palmen, Pfefferbäumen und Granatäpfeln verdichtete sich zu einem Dschungel tropischer Fruchtbarkeit, aus dem kamelienartige Blüten leuchteten.

»Willkommen in Gualán, Caballeros. Gott segne sie.«

Doña Bartola saß auf einer gemauerten Bank zwischen Palm- und Elefantenohrwedeln. Sie war nicht mehr jung – in ihr schwarzes Haar mischten sich die ersten grauen Strähnen—, aber immer noch sehr reizvoll, kam es Stephens vor. Sie verbeugten sich auf der Schwelle zum Patio. Die Frau mußte sie bereits erwartet haben. Zumindest zeigte sie keine Spur von Überraschung, als sie ihnen die Hand reichte.

»Bitte, nehmen sie doch Platz. Nein — Stühle haben wir nicht. Holz gibt es wohl genug hier. Aber ich kenne keinen, der einen Stuhl daraus machen könnte. — Nehmen sie die Steinbank dort.«

»Ich hoffe, wir belästigen Sie nicht allzusehr, gnädige Frau.« Stephens zog den Brief aus der Tasche. »Ihr Bruder in Izabal war so freundlich anzudeuten, daß wir vielleicht während unseres Aufenthalts in Gualán in Ihrem Hause wohnen könnten ...«

Doña Bartola lächelte. Ihre Augen waren hart und kühn wie die eines Reihers.

»Aber selbstverständlich. Mein Heim ist das ihre, Señores, solange sie es immer wünschen sollten. Wie geht es meinem Bruder? Noch immer der alte Taugenichts, fett wie ein Murmeltier, nehme ich an. Zu welcher der Parteien hat er sich im Augenblick geschlagen? Carrera, vermute ich. Er ist das Beispiel eines Opportunisten, müssen sie wissen. Er wechselt die Überzeugungen rascher als die Hemden, falls er überhaupt welche trägt. Ich hoffe, er hat sie nicht über Gebühr erpreßt, denn darin ist er Meister.«

»Ihr Bruder verhielt sich tadellos. Im Gegenteil, er ...«

»Wie reizend von Ihnen, Señor Stephens«, unterbrach sie ihn. »Aber lassen Sie nur. Ich weiß Bescheid.«

Das Mädchen kam herein und stellte drei Tassen neben sie. Das Porzellan wirkte alt und kostbar; es war mit Blüten bemalt und mit einem schweren Goldrand ge-

säumt. Dann goß es einen dampfenden grünlichen Tee aus einer silbernen Kanne ein.
Die Frau war Stephens Blick gefolgt. »Lassen Sie sich nicht täuschen, Señor. Es geht uns nicht gut hier. Niemandem mehr. Das Porzellan stammt noch aus der Heimat. Schmuggelgut. Und das Silber will nicht viel heißen. Silber ist billig hier.«
Stephens nippte an dem Tee. »Darf ich fragen, durch wen Sie über unser Kommen unterrichtet wurden? Wir waren eigentlich ständig im Sattel und haben uns nirgendwo aufgehalten.«
»Oh, hier wandern Nachrichten schnell«, sagte sie rasch. »Eusebia, das Mädchen, das uns gerade den Tee servierte, brachte die Neuigkeit vom Markt. Sie hat indianisches Blut, und sie ist wie alle Indios heillos neugierig. Sie dürfen sich von ihren unbewegten Gesichtern nicht täuschen lassen. Der Nachrichtendienst der Indios ist unübertrefflich. Er ist im Grunde das einzige, was in diesem Lande noch an die alten Zeiten erinnert. Niemand weiß so recht, wie sie es machen. Aber sie wissen alles.«
»Und was sagen sie von uns?« warf Catherwood ein. »Nicht sehr viel Schmeichelhaftes, könnte ich mir denken.«
»Möchten Sie es wirklich wissen? Da müßten Sie Eusebia fragen. Ich habe mich nicht dafür interessiert, fürchte ich. – Eine Menge ungereimtes Zeug, nehme ich an – mit einem Körnchen Wahrheit vermutlich . . . Aber Sie werden unsere Indios schon noch kennenlernen. Es ist nicht immer leicht, mit ihnen auszukommen«, sagte sie nachdenklich. »Ihr Puls schlägt anders. Ihre Uhr ist nicht die unsere. Sie sind Menschen, die in einer längst vergangenen Zeit leben.« Die Dienerin hatte eine Schale mit

Rechts: Der Totengott der Maya mit einem Schädel in der Hand

Tabakblättern abgestellt, und Doña Bartola rollte mit geübten Fingern eine Zigarre. Das Mädchen reichte einen glimmenden Span.

Catherwood schüttelte den Kopf. »Ich fürchte, wir wissen nicht sehr viel von den Indios in diesem Land.«

»Oh!« machte sie langsam. »Ein solches Wort habe ich seit Jahren nicht mehr gehört. Hier glaubt jeder, immer alles zu wissen. Das macht auch das Leben für die meisten so bequem.« In ihren Augen blitzte es auf. »Tatsächlich interessiert sich hier niemand für die Indios – hat es wohl auch nie getan. Wir leben miteinander. Dennoch trennen uns gläserne Wände. Dabei haben die meisten indianisches Blut. Sehen Sie mich an oder meinen Bruder! Bei ihm ist es wahrscheinlich noch eher zu bemerken, obwohl er den stolzen Titel eines Don trägt – wie beinahe jeder hier.«

Doña Bartola lachte auf und warf den Kopf zurück. Sie lachte, wie auch ein Mann gelacht hätte. Dann hielt sie inne, und nun war sie ganz ernst.

»Als meine Großmutter eine jungverheiratete Frau war, überfielen die Indios unsere Hazienda. Sie erschlugen meinen Großvater – Gott sei seiner Seele gnädig! Meine Großmutter verschleppten sie in den Dschungel. Zwar konnte sie nach einigen Wochen fliehen. Von Insektenstichen verschwollen, die Beine voller Blutegel und Zekken, beinahe nackt und halb irr vor Angst, kehrte sie zurück. Sie sprach später nie darüber; aber es muß für sie die Hölle gewesen sein. Zu allem Ungemach, das sie hatte erdulden müssen, trug sie auch ein Kind unter dem Herzen ... Unser Vater erhielt zwar später den Titel eines Don vom Gouverneur verliehen, aber er war ein halber Indio. Er lebte und starb als Christ, aber sein

Blut blieb gemischt. Zeitlebens haftete ihm etwas Fremdartiges an — eine gewisse Traurigkeit und die Fähigkeit, zu dulden. Man kann bei solchen Menschen niemals sagen, was sie denken oder fühlen. Die Maya sind ein wildes Volk. Dreihundert Jahre spanischer Herrschaft reichten nicht aus, sie zu zähmen.«

Sie schwieg und blickte auf den mit Bruchsteinen belegten Fußpfad. Sie trug ein langes Kleid aus schwarzem Musselin. Instinktiv schob sie den Saum über die Knöchel, und Stephens sah, daß sie keine Schuhe trug.

»Verzeihen Sie, wenn ich Sie mit meinem Gerede belästige. Es ist eben so selten, daß man hier einmal fremde Gesichter sieht.« Sie rauchte heftig und ließ den Rauch durch Mund und Nase entweichen. »Ich lebe nun fast dreißig Jahre in dieser Stadt. Ja, in Gualán hier. Und vorher wohnte ich drei unbeschreibliche Jahre in Izabal, das war nach meiner Hochzeit. Und vorher zwölf Jahre auf unserer Hazienda. Ich darf sagen, daß ich diesen Teil der Welt kenne . . .«

Ihre Stimme schleppte sich hin. Lichtstrahlen schossen durch das Dschungelgewirr des Patio wie feurige Dolche. Insekten sirrten um die Blätter.

»Die Indios leben in einer selbsterwählten Einsamkeit — in Magie oder Trance oder Aberglauben. Nennen Sie es, wie Sie wollen. Sie taumeln durch ein ständiges Zwielicht. Und wir, die sogenannten Weißen, wir sind ihnen schon zu ähnlich. Wir haben schon lange nicht mehr die Kraft, sie aus ihren Träumen zu reißen . . . — Vielleicht verstehen Sie jetzt, warum alle in der Stadt aufhorchten, als Sie von Ihrer Ankunft erfuhren? Warum alle über die Gründe rätseln, die Sie zum Copán treiben. Ist es das Gold? Oder sind es die Edelsteine — Rubine, Türkise, wie

die Weißen vermuten? Oder sind es die alten Götter, wie die Indios glauben?«
»Wir sind nicht als Schatzsucher gekommen«, erklärte Stephens. »Amerika gilt seit seiner Entdeckung als der Kontinent ohne Geschichte, ohne Kultur —«
»Oh, ich verstehe«, unterbrach sie ihn. »Sie haben sich nun aufgemacht, danach zu suchen. Sie möchten, daß Amerika auch etwas aufzuweisen hat. Wie reizend von Ihnen!« Sie warf ihm unter den langen Wimpern einen funkelnden Blick zu.
»Es gibt immerhin eine Reihe von Dokumenten, die unsere Annahme zu bestätigen scheinen — Berichte, Karten, Chroniken . . . Nur hat sich bisher noch niemand ernstlich dafür interessiert.«
»Kultur . . .«, sagte sie leise. »Ich wollte, ich selbst könnte davon etwas mehr entdecken — und mir würde die Gegenwart dazu schon genügen.«
Sie hatte sich erhoben. Stumm stand sie da, dunkel und bitter. »Aber wenn Sie beide wirklich an den Indios interessiert sind — sie feiern heute nacht ihr großes Fest. Das Fest der heiligen Lucia.« Nach einem Augenblick fügte sie hinzu. »Sie könnten vielleicht dieses Fest besuchen. Falls Sie es nicht vorziehen, lieber zu schlafen.«
»Wir würden gerne mitkommen«, sagte Stephens.
»Gut. Dann ist das also abgemacht. Eusebia wird Sie rufen.« Sie wandte sich ab, und im nächsten Augenblick sah Stephens, daß sie hinkte. Wie eine Ertrinkende, mit wogenden Schultern, kämpfte sie sich den Pfad entlang, Schritt um Schritt. Plötzlich verhielt sie und blickte zurück. Zwei weiße Flecken hatten sich auf ihren Wangen gebildet.
»Sie werden sich waschen und dann etwas schlafen wol-

len. Falls Sie noch etwas brauchen sollten, Eusebia wird Ihnen gerne zur Hand gehen.«
Ehe Stephens noch etwas sagen konnte, war sie gegangen und hatte das Gittertor hinter sich zugezogen.

6

Stephens lag schwitzend in seiner Hängematte. Die winzige Öllampe warf ein gelbes Rechteck durch das Fenster und erhellte ein Geriesel von Blattwerk. Mächtige weiße Motten, groß wie Kinderhände, schwebten lautlos durch den Lichtschein und kletterten mit zuckenden Flügeln über den Fuß der Lampe, erreichten den heißen Zylinder und stürzten versengt auf den Steinfußboden. In dem Haus war es still geworden, sogar das Küchenlicht auf der anderen Seite des Patio schien am Verlöschen. Nur die Insekten waren wach – summten, sirrten, zischten, sangen. Immer neue Motten warfen sich gegen den Zylinder, immer mehr, Dutzende und Dutzende, bis der Boden rings um die Lampe mit ihren weißen, zitternden Körpern bedeckt war. Irgendwo begannen jetzt ein paar Sittiche zu lärmen – ein trockenes, verbittertes, streitsüchtiges Krächzen.
Aber schlimmer noch war die feuchte Schwüle, eine klebrige Hitze, die wie warmer Honig auf der Haut haftete. Sein ganzer Körper juckte. Winzige Mücken stürzten sich auf ihn. Er spürte ihre Stiche wie glühende Nadeln und begann wie närrisch zu kratzen, bis er das Blut an den Fingern fühlte.
Er drehte den Docht tiefer. Das Licht wurde schwächer

und erlosch. Orchideenduft hing unangenehm in der toten schwarzen Luft und mischte sich mit dem Geruch des siedenden Öls in der Lampe. Stephens schloß die Augen und versuchte noch eine Stunde zu schlafen. Aber dann verspürte er plötzlich die Nähe eines menschlichen Körpers. Irgend jemand hatte sein Zimmer betreten. Oder sollte er sich täuschen? Er fühlte die Nähe wie einen Windhauch. Er öffnete die Augen und richtete sich auf die Ellbogen empor.

Und dann sah er sie, eine schmale, schlanke Gestalt. Sie stand neben der Tür, halb im Schatten. Er erkannte das Gesicht, aber er vermochte die Züge nicht deutlich zu sehen. War es die Dienerin? Der wässerige Glanz der Nacht ging über die braunen Züge.

»Eusebia«, sagte er. »Wie spät ist es?«

»Du solltest aufstehen, Señor«, flüsterte sie. »Das Fest beginnt jetzt.«

»Dankeschön. Ich komme sofort. Ich kann ohnehin nicht schlafen.« Er war bemüht, seiner Stimme nichts von der Erleichterung anmerken zu lassen, die er jetzt unwillkürlich empfand.

»Ist es wahr, Señor, daß du gekommen bist, um unsere alten Götter zu stehlen?« fragte das Mädchen plötzlich und runzelte ein wenig die Stirn.

»Wie kommst du denn darauf?« fragte Stephens überrascht.

»Alle sagen es. Alle. In den Wäldern erzählen sie sich, daß du die alten Wohnungen der Götter suchst. Sie sagen, daß du die Götter von ihren Thronen stoßen willst. Sie sagen, sie haben dich geschickt, um unsere Götter zu stehlen. Weil sie selbst in den großen Städten keine mehr besitzen, haben sie dich ausgesandt. Sie wollen dir viel

Geld dafür geben, wenn du sie ihnen bringst. Besitzen sie wirklich keine Götter mehr?«

»Ich fürchte, sie besitzen tatsächlich keine mehr«, sagte Stephens. »Jedenfalls keine, wie du sie kennst. Stattdessen verehren sie andere — den Gott des Geldes, der Macht und des leichten Lebens.«

Sie stand plötzlich dicht vor ihm. Er roch den Duft ihres warmen, jungen Körpers. Er sah ihr weiches Gesicht mit den hohen Backenknochen und den dunklen Brauen über den Augen, so schwarz wie die Flügel einer Amsel.

»Und helfen sie ihnen — ihre Götter?« raunte sie.

Stephens räusperte sich. Seine Kehle war trocken geworden. »Nicht wirklich, glaube ich. Und niemals über längere Zeit.«

»Sag, Señor, da draußen über Izabal hinaus — gibt es da nichts als Wasser?«

»Nichts als Wasser«, bekannte Stephens, »und einige Inseln bist du Nordamerika erreichst.«

»Und nach Nordamerika?« fragte sie.

»Ob du nach Sonnenaufgang fährst oder dich nach Sonnenuntergang wendest, du stößt wieder auf Wasser.

»Ach«, sagte sie, ziemlich hoffnungslos. »Und dann?«

»Hunderte von Inseln — große und kleine. Australien und Asien, wenn du nach Sonnenaufgang fährst. Fährst du aber nach Sonnenuntergang, dann kommst du nach Afrika und Europa.«

»Und dann?«

»Schließlich kommst du wieder nach Zentralamerika und nach Izabal.«

»Oh-h«, machte sie unglücklich. »Gibt es denn noch ein Izabal.«

Stephens setzte ihr ziemlich beklommen auseinander, daß

die Erde rund sei; daß, wenn sie sich immer weiter nach Westen bewege, sie womöglich wieder nach Gualán komme.

»Ach, laß es gut sein«, sagte das Mädchen mit einem vorwurfsvollen Lächeln. Wahrscheinlich glaubte sie ihm kein Wort. Stumm kauerte sie vor ihm, in unergründliches Sinnen verloren. Heimlich beobachtete er sie. Ihre Haut war weich und zart. Seine Blicke wurden von ihrem Haar gefesselt, das glänzend schwarz war und dicht, mit blauen Glanzlichtern in der halben Dunkelheit. Über der Brust trug sie ein silbernes Kreuz. Was bedeutete es ihr? War es mehr als ein Schmuck? Er hätte sie gern gefragt, aber er bezweifelte, daß sie ihm eine Antwort hätte geben können. Außerdem besaß er auch kein Recht zu einer solchen Frage.

»Ich komme«, sagte er. »Ich komme.«

»Si, si, Señor«, flüsterte sie, in mädchenhaftes Sinnen ebenso eingehüllt wie in Gleichgültigkeit und indianisches Geheimnis.

7

Im Licht des halben Mondes waren die Mauern der Häuser mit Schatten besprenkelt. Eine dichte Menge schob sich vorüber, und die Gasse summte wie ein Ameisenhügel. Sie schritten hintereinander. Voraus hinkte Doña Bartola. Stephens folgte als letzter, ständig in Sorge, das auf und ab wippende schwarze Spitzentuch in dem Gewirr der Köpfe aus den Augen zu verlieren.

Sie überquerten einen winzigen Platz. Eine Gruppe von

Negern lehnte singend an einem gemauerten Brunnen. Sie rauchten und tranken Agavenschnaps. Stephens spürte, wie die scharfen, von Bitterkeit erfüllten Augen sein Gesicht musterten, während sie sangen. Sie sangen und sangen. Ihr Lied erfüllte die Nacht, es tastete die Fronten der Häuser ab und hob sich gegen den Himmel. Was sangen sie? Stephens verstand keines ihrer Worte. Es waren Gesänge, die an der Goldküste ihren Ursprung hatten, angereichert durch den Schmerz und das Leid auf den Sklavenschiffen, durch die rückenbeugende Plakkerei auf den Zuckerrohrfeldern und Baumwollpflanzungen, vergeistigt durch das Leid um auseinandergerissene, nach allen Richtungen verkaufte Familien, gemildert schließlich durch den Humor des Afrikaners, die Wirkung des Agavenschnapses und vor allem durch die Erkenntnis, heute sei heute. Herumbalgende Kinder strichen an den Hauswänden entlang. Sie kämpften mit den Fäusten gegeneinander, in wirre Knäuel verstrickt, kreischten und fluchten in Ausdrücken, als hätten sie ihr Spanisch bei den betrunkenen Soldaten des Cortez gelernt. Musketenschüsse knallten durch das Dunkel. Aus den Fenstern wurden Raketen abgeschossen und zischten mit farbigen Schweifen in die Menge.

Sie erreichten die Plaza. Ein brodelnder, schwärmender Nebel hing über den Hunderten von Menschen in der Finsternis. Das Lachen und Kichern der Frauen, die tiefen, schweren Stimmen der Männer, Musik und Gesang — das alles verschmolz mit dem Geruch gebratener Fische, dem säuerlichen Duft des Alkohols, heißen Tortillas, ranzigem Kochfett und Maultiermist, Schweiß, Staub und den schweren Düften der Blumen. Stephens sah kein einziges weißes Gesicht mehr. Im beißenden

Qualm brennender Holzstöße hockten Indiofrauen und boten brennende Kerzen zum Verkauf. Wie brütende Glucken kauerten andere in ihren weiten, leuchtend bunten Röcken zwischen Rosenkränzen, Heiligenbildern und Kruzifixen.
Ein Schrein aus Blüten und Maisblättern war in die rote, pulsierende Glut der Feuer getaucht. Das Licht wirkte fremd und mächtig in der Dunkelheit. Stephens sah die Statue der Heiligen — ein samtenes Gewand, echtes Haar und Augen aus Halbedelsteinen. Falsche Perlenschnüre und Talmischmuck schimmerten matt von ihrem Hals. Girlanden aus Orangenblüten bewegten sich im Luftzug. Frauen und Mädchen knieten am Boden. Das Licht der Wachskerzen spiegelte sich auf ihren betenden Lippen. Von irgendwoher drang Musik. Sanft und melancholisch wehten die Töne über die Menschen hin, eine Mischung aus altspanischem Kirchenlied und indianischer Weise — christliche Themen im Rhythmus des eingeborenen Amerika.
Reglos knieten die Beter am Boden, die Augen auf die Heilige gerichtet — bittende schwarze Augen voll demütiger Feierlichkeit. Was ging in diesen Menschen vor? Ihre Trauer schien nicht so sehr aus ihrem persönlichen Schicksal zu kommen, sondern vielmehr aus dem Gram ihrer ererbten, niemals verwundenen, viele Jahrhunderte alten Niederlage zu stammen. Das Alter der Weißen zählte nach Lebensjahren; doch hier war es anders, hier schien jeder das Schicksal des ganzen Volkes zu tragen. Die Augen der Männer glänzten glasig — wie die Augen schlafender Schlangen. Was dachten sie? Stephens wollte versuchen, es zu ergründen, indem er den Schleier ein wenig hob, der über ihrer Geschichte lag.

Links: Der Sonnengott der Maya mit kunstvollem Kopfschmuck

Ein alter Indio hob die Statue von ihrem Steinsockel. Seine bestickte Tunika funkelte durch die rauchdurchzogene Finsternis. Ehrfürchtig beugte er sich über die Heilige und küßte den Saum ihres Gewandes. Für einen Augenblick konnte Stephens das puppenhaft liebliche Gesicht mit dem leise lächelnden Mund und den großen, funkelnden Augen deutlich sehen.

»Was geschieht jetzt?« fragte Catherwood.

»Sie bringen die Heilige in die Kathedrale zurück, und der Priester liest eine Messe. Kommen Sie zur Kirche!«

Niemand achtete auf die beiden Fremden. Die Menge teilte sich. Stephens wurde abgedrängt und stolperte ins Dunkel. Immer neue Köpfe schoben sich ins Blickfeld. Er vermochte keine Einzelheiten zu erkennen, nur ein wirbelnder, flammenumloderter Ansturm von Eindrükken erreichte ihn — das Singen und Beten, die Musik, das begeisterte Trappeln von Füßen.

Die Prozession erreichte die Kirche. Langsam schritten die Indios mit der Sänfte durch das Innere zum Hochaltar. Der Tabernakel und die Christusfigur inmitten eines Pulks von Heiligen verloren sich im Schattendunkel unter der Wölbung des schweren Mauerwerks. Zitternde Hände setzten die Statue in eine flammende Wand von Blumen, Tausende von Blumen, herrliche Blühgewächse. Die wilde, ungezähmte Leuchtkraft des Dschungels erfüllte plötzlich den hohen Raum. Die ganze Pracht der Tropen stieg, von Hunderten von Herzen belebt, einem Höhepunkt entgegen, vereinigten sich zu einem frohlockenden Hochgesang. Die Kathedrale selbst schien in Blüte zu stehen.

Stephens schob sich weiter nach vorn. Er war ein Fremdling, ein Außenseiter. Ein Gefühl des Tabus, des Ver-

botenen erfüllte ihn. Plötzlich ein Flüstern. Der Priester erschien, ein Greis, der schwer unter der Last der bestickten Gewänder zu tragen schien. Mühsam, mit gefalteten Händen löste er sich aus den Schatten und tappte durch das Spalier der brennenden Kerzen am Boden.
Kaum verständlich für die Hunderte von Menschen fielen die Worte des Introitus. Wenig später begann die Weihe des Brotes. »Hoc est enim corpus meum . . .«
Die Augen des Greises strahlten auf, als er die Hostie hob: Gott war in ihrer Mitte. In der lautlosen Stille erfolgte die Weihe des Weins. Die Öde schmolz hinweg. Die Armut verging, alles Irdische schwand. Einen endlosen Augenblick lang fielen die Dinge in einen atemberaubenden Einklang.
Die Glocke des Ministranten beierte dünn und erschütterte das Gewebe der Stille. Die Messe war zu Ende. Die Menge drängte an ihm vorüber zum Ausgang. Der Priester kniete erschöpft am Altar, das schweißüberströmte Gesicht in der Armbeuge.
Stephens sah eine Gruppe von Indios, die auch weiterhin am Boden verharrte, zumeist Frauen, die ihre Kinder in breiten Tüchern auf den Rücken gebunden trugen. Stephens beobachtete die Kleinen. Sie bewegten die winzigen Köpfe mit der überraschenden Masse schwarzer Haare, lutschten am Daumen oder schliefen, viele taten alles gleichzeitig. Tief über die Kerzen gebeugt, kauerten sie bewegungslos. Nur ihre Lippen bewegten sich. Aber beteten sie wirklich? Die abwesenden Gesichter, das angespannte Lauschen, vor allem die langen Pausen zwischen einzelnen Sätzen machten ihn mißtrauisch.
»Was sagen Sie dazu?« Doña Bartola war unbemerkt herangekommen.

»Es ist sehr bewegend. Soviel Glauben ist heute selten«, sagte Stephens. »Man könnte neidisch werden.«
»Wirklich? Nun, ich fürchte fast, die Kirche ist anderer Meinung.« Die Frau schaute ihn scharf an. »Wenigstens sind die Frauen zur Taufe ihrer Kinder hier.«
»Das muß aber Stunden dauern.«
»Der Priester tauft sie gemeinsam. Die meisten sind nicht Christinnen . . . Hier sitzt der Aberglaube noch tief.«
»Es braucht eben Geduld bei diesen Menschen. Zum Glück leben wir nicht mehr im Mittelalter.«
Das Murmeln wehte durch die dunkle, leere Kirche wie ein leichter Wind. Etwas Bannendes ging von ihm aus. Es war wie eine ferne Stimme, wie ein inbrünstiger Ruf aus einer unermeßlichen Vergangenheit. Gelegentlich hörte er einzelne Sätze heraus; es waren keine spanischen Worte.
»In welcher Sprache beten sie?«
»Beten? . . .« Die Frau schoß ihm einen scharfen Blick zu. »Sie beten nicht . . . Sie sprechen mit ihren Toten. Sie klagen ihnen ihre Nöte. Sie unterrichten sie über das tägliche Geschehen. Sie erbitten ihren Rat . . . Die Lichter sind dabei die Toten — oder auch die Seelen der Toten . . . Niemand weiß es. Sie geben keine Erklärungen.«
Stephens nickte. »Und wie stellt sich die Kirche dazu?«
»Nun, sie denkt heute etwas toleranter«, flüsterte die Frau. »Sie fordert die Christen unter ihnen auf, Gott nicht zu vergessen und am Ende das Wort auch an den Herrn zu richten. Mit einer Bitte um Erbarmen für die Toten.«
»Und welche Erfahrungen hat man gemacht?«
»Der Priester glaubt, daß sie es tun — zumindest einige.«
Sie wandten sich dem Ausgang zu. Sanft brannten die Kerzen in der halben Dunkelheit. Ganz schwach konnte

er ihr leises Zischen hören. Er lauschte auf das dumpfe Murmeln der Indios, er sah ihre von den Flackerschatten der Kerzen überspielten Gesichter. Die Lippen standen auseinander, die breiten Nasenflügel bebten. Stephens war es, als könnte er plötzlich in diese Menschen hineinsehen, und er glaubte zu wissen, was das Leben für sie bereithielt — Furcht und Armut, Rechtlosigkeit und Ausbeutung. Sie trugen ihr Schicksal mit Gelassenheit; sie klagten nicht, noch bettelten sie um Barmherzigkeit; aber darunter lag ein nacktes, zitterndes Herz, das nicht gleichgültig blieb.
Sie traten vor die Kirche, und Stephens atmete die Nachtluft ein. Auf der Plaza war jetzt das Volksfest in vollem Gange. Das Mondlicht durchleuchtete den Dunst über der Menge. Er hörte ihr Lachen und Singen, sah die roten Rebozzos der Frauen, die im Tanze wirbelten. Doch in seiner Stimmung kam ihm der Lärm nun fast unerträglich vor. Er wollte allein sein.
»Kehren wir um«, murmelte er. »Wir müssen morgen zeitig aufbrechen.«

8

Irgend etwas stimmte nicht in Hocatán. Der Ort war verlassen, wahrscheinlich schon seit Jahrzehnten verlassen. Die Häuser bestanden nur noch aus Ruinen, leeren grasüberwucherten Mauern und niedergebrochenen Dächern. Einige Geier reckten ihre kahlen, obszön häßlichen Hälse über die bröckeligen Lehmwände.
»Nicht gerade sehr einladend«, murmelte Catherwood.

Ruine in Hocatán

»Schrecklich dieser Niedergang, wohin man auch blickt. Wir werden Mühe haben, irgendwo ein Unterkommen zu finden.«

»Dort vorn!« Stephens richtete sich im Sattel auf. »Sehen Sie den hohen Bau. Entweder war er einmal ein Teil der Kirche oder aber das Gemeindehaus. Vielleicht finden wir dort Quartier.«

Sie setzten den Ritt fort. Wie gelblicher Nebel quoll der Staub unter den Hufen der erschöpften Tiere auf. Seit sie vor zwei Tagen Gualán verlassen hatten, waren sie kaum aus dem Sattel gekommen. Eine trostlose Einöde, so bot sich ihnen das Land, starr, völlig reglos, wie festgenagelt von der grausamen Sonne. Den Vormittag über waren sie durch verbranntes Steppengras geritten, durch knöcheltiefen Staub, der in pulvrigen Springquellen aufstieg, dann wieder über nackten Fels. Nun sahen alle wie in Mehl getaucht aus. Die Maultierfelle hatten sich in schmutzigen Hermelin verwandelt, und die beiden Indios wirkten wie Gipsstatuen. Stephens Nase hatte sich verkrustet, die Augen schmerzten.

»Was ich vor allem brauche, ist Wasser«, bekannte er. »Für einen Eimer Wasser würde ich sogar auf die Abendmahlzeit verzichten.«

»Wem sagen Sie das! Langsam habe ich das Gefühl, ersticken zu müssen. Gräßlich!« stöhnte Catherwood. »Aber wenn hier einmal ein Ort stand, muß es auch irgendwo einen Brunnen geben.«

Etwas abseits von den Ruinen der kleinen Stadt erhob sich ein länglicher Bau mit kleinen Rundbogenfenstern, mehr Festung als Haus. Agaven und Kakteen wuchsen zwischen den gesprungenen Steinfliesen, auch sie grau vor Staub. Bäume, Hof, Haus, alles sah ausgesogen,

halb erloschen aus. Nichts rührte sich. Sogar die Fliegen wollten sich nicht regen.
Augustin strich mit müdem Blick umher.
»Die Tür ist verschlossen«, verkündete er, recht verbittert. Er deutete auf einen Schuppen im Hintergrund. »Nichts zu machen. Sie haben ihn verbarrikadiert«.
»Klar«, sagte Stephens, »zum Schutz vor Raubtieren.«
Während Catherwood den Riegel abschraubte, machte sich Gonzales mit den Indios daran, die Hindernisse beiseite zu räumen, um den Schuppen als Unterkunft für die Maultiere verwenden zu können.
Nach der gleißenden Helligkeit draußen war das Innere sehr dunkel. Das niedergebrochene Dach hatte im Mittelteil ein klaffendes Loch gerissen, durch das das Sonnenlicht wie starker Lampenschein strömte. Stephens sah einen schweren, mit kunstvollen Schnitzereien verzierten Tisch und zwei staubige Lehnbänke. Die heiße Luft war starr vor Stille; doch es war nicht die Stille des Friedens, sondern eine verdichtete, leicht entzündliche Stille. Grillen zirpten in panischer Unaufhörlichkeit. Und überall hing dieser schwere, trockene Geruch, leicht schimmelig und verbraucht, eine Mischung aus Hitze, Staub und Stall. Irgendwo im Schatten des Hintergrundes regte sich ein Tier. Eine Fledermaus taumelte auf. Stephens roch den muffigen Pelz.
»Nicht gerade das, was ich komfortabel nennen würde«, bemerkte Catherwood, »aber für eine Nacht wird es genügen.«
Augustin brachte Wasser, sie schleppten das Gepäck in das Innere, wuschen sich, aßen, und Stephens befestigte die Hängematten an den schweren Wandhaken. Während sie eine Tasse Tee tranken, erschien ein malerisch

gekleideter Indio, gefolgt von einer Gruppe alter Männer, offensichtlich der Alkalde mit seinen Ratsmitgliedern. Er stützte sich schwer auf seinen Amtsstab während er sich würdevoll verbeugte.

»Seien sie herzlich willkommen, Señores«, quängelte er in einem sonderbaren Tropenspanisch. »Wir alle empfinden es als hohe Ehre, Sie hier begrüßen zu können.«

Augustin kauerte neben Stephens. »Schmeichle ihnen, Señor«, flüsterte er. »Sage ihnen, daß sie schön sind und erfahren. Sage ihnen, daß sie klug sind und weise.«

Stephens verbeugte sich. »Die Ehre ist ganz auf unserer Seite.«

»Ich hoffe, die Señores sind mit ihrer Unterkunft zufrieden. Wie lange werden die Herren in Hocatán bleiben?«

Stephens lächelte. »Nicht länger als unbedingt notwendig.«

»Sage ihnen, daß es uns über die Maßen gefällt«, flüsterte Augustin. »Schmeichle ihnen. Lobe sie . . .«

»Einen Tag? Zwei Tage?« forschte der Alkalde. »Oder vielleicht eine Woche?«

»Nur diese eine Nacht«, erklärte Stephens.

»Und dann?« Der Alkalde wechselte einen raschen, bedeutungsvollen Blick mit seinen Begleitern.

»Wir werden morgen früh nach Copán weiterreiten«, sagte Stephens kurz.

»Ganz falsch, Herr«, zischte Augustin. »Sage ihnen, daß der Jaguar, der mächtige Mond-Tiger, unser Schutzgeist ist.«

»Nach Copán . . .« Der Alkalde kratzte sich geistesabwesend am Kinn. »Copán . . .«, flüsterte er, und das Wort klang, als ob es ein Anruf wäre oder ein Lied oder eine Zauberformel.

»Copán . . .«, murmelten die Alten, als sprächen sie eine Beschwörung. Stephens hörte den Ton der Ehrfurcht. Aber einen Augenblick später war es vorbei.
»Kann ich die Ausweise sehen«? fragte der Alkalde.
Stephens zog die Pässe hervor. Gemeinsam studierten sie die Dokumente mit vorgebeugten Köpfen, blätterten hin und her und tauschten flüsternd ihre Meinungen aus. Je länger Stephens sie beobachtete, um so mehr gelangte er zu der Überzeugung, daß keiner in der Gruppe wirklich lesen konnte. Immer wieder prüften sie die Siegel. Schließlich reichte der Alkalde die Pässe mit einer achtungsvollen Verbeugung zurück.
»Der Copán ist kein gutes Land«, murmelte er zögernd. »Voller Gefahren und Widerwärtigkeiten.«
»Gefahren?« Stephens hob die Brauen.
»Gefahren jeder Art«, flüsterte der Alkalde mit leiser, singender Stimme. »Gefahren durch das Land, durch den Fluß, durch den Dschungel . . . Gefahren durch die Götter.«
»Gefahren durch die alten Götter«, sagte eines der Ratsmitglieder. »Sie sind noch immer mächtig.«
Catherwood lächelte. »Dagegen besitzen wir einen starken Zauber.« Er klopfte auf seine Pistolentasche.
»Wir sind seit Wochen unterwegs, um Copán zu sehen«, erklärte Stephens. »Wäre es da nicht töricht, jetzt einfach umzukehren? Aber was ist mit den alten Göttern? Gibt es etwas, das wir vielleicht wissen sollten?«
Der Alkalde schaute auf. Er warf Stephens einen schnellen Blick zu und zögerte.
Die Alten standen im Halbkreis hinter ihm, schweigend und unergründlich.
»Die alten Götter von Copán wohnen in ihren Tempeln

inmitten des Urwaldes. Sie beherrschen den Fluß, und ihre Macht reicht tief in den Dschungel.«
»Erzählen Sie einmal«, sagte Stephens beiläufig. »Wie sieht es in Copán aus?«
Der Alte sah plötzlich teilnahmslos aus. »Nur wenige sind wirklich dort gewesen, Señor.«
»Aber das gilt nicht für Sie. Sie haben die Ruinen sicherlich schon gesehen.«
»Nun, ich mag vielleicht schon einmal dort gewesen sein.« Der Alkalde seufzte, mit einer gewissen Reizbarkeit, wie es schien. »Es sind eben Trümmer«, knurrte er. »Reste alter Bauwerke, vom Dschungel überwachsen. Niemand vermag mehr genau zu sagen, wie sie einmal wirklich aussahen. Da ist nichts, das eine Reise lohnen würde ... Aber das alles liegt schon sehr lange zurück. Man kann sich nicht an alles erinnern.«
Er blickte auf seine Begleiter, wobei er jedem einen raschen, durchdringenden Blick zuwarf, als wollte er sie zählen. Dann wandte er sich ab. Im Gänsemarsch schritten sie davon, voraus der Alkalde mit seinem Amtsstab — eine lange Reihe trophäenbehangener Gestalten.

9

Sie tranken schweigend, während es draußen dunkelte. Es lag wohl etwas in der heißen, schwarzen Luft, das keine Ruhe aufkommen ließ. Ein unbestimmbares Gefühl des Hinterhaltes wie ein Anzeichen von Platzangst. Catherwood erhob sich und schnallte seine Decke los.
»Machen wir Schluß für heute.«

»Vielleicht sollten wir eine Wache aufstellen.« Stephens blickte auf. Der Geruch der Nacht war wie der Geruch einer Raubtierhöhle. »Ich will gerne den Anfang damit machen.«

»Glauben Sie wirklich, daß das notwendig ist? Na schön, dann wecken Sie mich eben.«

Catherwood kletterte über seinen Sattel in die Hängematte. »Himmel, bin ich müde!«

Eine halbe Stunde verging. Der Kerzenstummel brannte allmählich nieder. Auch Gonzales, der draußen bei den Tieren geblieben war, hatte das Feuer ausgehen lassen. Stephens blätterte in den Aufzeichnungen, die er sich über Copán gemacht hatte. Im Grunde waren sie nicht sehr ergiebig, mußte er zugeben. Da waren einmal die spanischen Quellen, vor allem Huarros, der sich wiederum auf Fuentes stützte. Francisco Fuentes hatte behauptet, daß zu seiner Zeit ein gewaltiger Bautenkomplex am Copán bestanden habe, riesige Anlagen mit Opferplätzen, Pyramiden und meterhohen Steinskulpturen. Das war um 1700 gewesen. Frei erfunden konnten diese Angaben nicht sein, denn immerhin hatte sie ein anderer Reisender, ein Oberst Galindo, 135 Jahre später im wesentlichen bestätigt.

Aber warum hatte sich seitdem niemand für diese Chroniken interessiert? War es möglich, daß solche Berichte einfach vergessen werden konnten, daß sie in irgendwelchen Archiven oder Kanzleien verstaubten, weil sich in Jahrhunderten niemand der Mühe unterzog, sie zu lesen, oder aber niemand ihre Bedeutung erkannte? Gewiß, es gab Beispiele dafür. Ganze Kulturkreise — Staaten, Völker und Städte — waren auf diese Weise aus dem Bewußtsein der Menschheit geschwunden.

Auffallend naturalistische Darstellung eines Königs oder Weisen

Stephens schüttelte den Kopf. Trotzdem bewies das für Copán gar nichts. Selbst wenn Fuentes recht hatte, und er die Ruinen fand, so konnte es sich noch immer um die Reste einer altspanischen Zitatelle handeln. Cortez war nach der Eroberung des Aztekenreiches hier vorbeigekommen, als er von Mexiko nach Honduras marschierte. Konnten die Anlagen nicht in seinem Auftrag und unter spanischer Leitung errichtet worden sein?
Stephens rieb sich das Kinn. Er schwitzte. Die Schwüle hatte mit der Dunkelheit nicht nachgelassen, viel eher war sie noch drückender geworden. Es war nutzlos, die

Sache aufzubauschen, das wußte er. Sicherheit würde er nur erlangen, wenn er selbst bis zum Copán vordrang und die Ruinen erforschte. Immerhin war es ein großartiges Wagnis. Eine versunkene, vergessene Hochkultur in den Dschungeln Zentralamerikas. Das Kühne und Ungewöhnliche daran verlockte ihn sehr.

»Horch!« sagte Augustin plötzlich. »Da ist etwas.«

Stephens horchte. »Nein, überhaupt nichts«, sagte er.

»Ein Jaguar!« sagte Augustin. »Oder vielleicht sind es auch Menschen.« Die Augen des Kleinen glänzten. Er sprang auf die Füße und umklammerte Stephens Arm. »Irgend etwas geschieht«, flüsterte er. »Sollen wir die Tür versperren?«

Stephens blinzelte in das schwache Licht. Jetzt hörte er auch die Stimmen und dazwischen das Klatschen nackter Füße.

»Es könnte vielleicht noch gelingen, Señor.«

»Nein. Außerdem wäre es sinnlos. Wir säßen nur umso sicherer in der Falle.«

Die Schritte hatten das Haus erreicht. Im nächsten Augenblick sprang die Tür auf, und eine Horde abenteuerlicher Gestalten drängte herein. Es waren wenigstens dreißig Männer, Mestizen und Mulatten jeder Blutmischung, dazu eine Gruppe Indios, allen voraus ein verwitterter Bursche mit einem breitrandigen, speckigen Hut, offensichtlich der Anführer. Nun erschien auch der Alkalde, begleitet von den Dorfältesten. Sonderbar beschwingt kam er heran. Jetzt roch Stephens auch den Alkohol.

Der Alkalde versuchte eine schwungvolle Verbeugung, wobei ihm der Amtsstab zwischen die Beine geriet, und wäre gestürzt, hätte ihn der Anführer nicht aufgefangen.

»Wir bitten tausendmal um Entschuldigung, wenn wir noch einmal stören, Señor —«, begann er in seinem singenden Spanisch.
»Nun halte schon den Mund, Alter, wenn sich Erwachsene unterhalten. Wir wollen hier keine Zeit verlieren«, unterbrach ihn der Anführer. »Warum trinkst du nicht noch einen Schluck draußen?«
Der Greis floh erschreckt in den Hintergrund.
»Die Pässe, Señor!«
Der Anführer versuchte ein freundliches Grinsen. Er verrenkte sich beinahe das Gesicht dabei. Es gelang. Nur seine Augen lächelten nicht.
»Was ist hier los?« Catherwoods Kopf erschien über der Hängematte. »Kann man denn in diesem Land nicht einmal nachts schlafen!«
»Ah! Sie sind ja wach«, sagte Stephens.
»Noch nicht ganz. Aber ich gebe mir Mühe. Was ist?«
»Am besten, Sie kommen herunter.« Stephens sprach englisch, um nicht verstanden zu werden. »Hier braut sich einiges zusammen, wenn mich nicht alles täuscht.«
»Wie riecht es denn hier?« fragte Catherwood. »Haben die Schießpulver in ihren Fusel gemischt? Wir werden noch alle in die Luft fliegen.«
Der Anführer scharrte mit dem Stiefel. »Kann ich jetzt die Pässe sehen?«
Stephens rührte sich nicht. Er war nicht gesonnen, sich in dieser Weise behandeln zu lassen. »Wer sind Sie überhaupt? Außerdem haben wir uns bereits vor dem Alkalden ausgewiesen.«
Der Anführer hob den Kopf und grinste ein wenig. »Mein Name ist Don Miguel — Hauptmann Don Miguel, wenn's recht ist — im Auftrag General Carreras. Grenz-

schutz! Wir machen dem weißen und roten Gesindel, das sich unkontrolliert an der Grenze herumtreibt, nach Möglichkeit die Hölle heiß. So, und von jetzt an stelle ich die Fragen.«

Der Alkalde tänzelte heran. »Dieser Caballero ist Offizier mit Sondervollmachten. Er genießt das besondere Vertrauen des Generals Carrera.«

»Tatsächlich? Darauf wäre ich nie gekommen«, sagte Catherwood aus dem Hintergrund, während er in seine Stiefel schlüpfte. »Also gut. Geben wir dem Bürgermeister die Ausweise. Er ist dann auch dafür verantwortlich.«

Er reichte den Paß dem Alkalden, und nach einer Sekunde des Zögerns zog auch Stephens seine Dokumente aus der Tasche. Vielleicht hatte Catherwood recht, und sie ersparten sich damit eine Menge Ärger.

Die beiden traten zu einem der schnurrbärtigen Mestizen, der einen brennenden Kiefernast als Fackel hielt, um die Papiere zu lesen. Stephens wartete, während sie sich halblaut unterhielten und die Dokumente in Augenschein nahmen.

»Nun, dürfen wir erfahren, zu welchen Ergebnissen Sie gekommen sind?« fragte Stephens schließlich.

Der Offizier wandte ihm langsam das Gesicht zu. »Gewiß«, sagte er ruhig. Dann lächelte er breit, so breit, daß seine Augen nur noch Schlitze waren und Stephens die schwarzen Pupillen, die vor Haß stachen, gerade noch sehen konnte.

»Die Dokumente sind falsch.«

»Falsch? Gefälscht, meinen Sie wohl?« Catherwood drängte sich plötzlich nach vorn. »Und was haben Sie daran auszusetzen? Können Sie nicht lesen? Sehen Sie nicht, daß die eine Unterschrift sogar von Ihrem General Carrera stammt? — General Carrera! . . .« schnaufte er. »Gefällt sie Ihnen nicht? Schreibt er Ihnen nicht deutlich genug? Oder vermissen Sie Ihre eigene darauf?«

»Bleiben Sie ruhig«, mahnte Stephens auf englisch. »Schreien können die allemal besser als wir, wenn es darauf ankommt.«

»Schon gut«, murmelte Catherwood. »Schon gut . . . Ich versuche schon, mich zusammenzunehmen. Aber alles hat seine Grenze. Oder glauben Sie, daß wir sie versöhnlicher stimmen, wenn wir alles über uns ergehen lassen? Ihre Forderungen werden nur immer unverschämter werden. Wahrscheinlich kann dieser sogenannte Hauptmann überhaupt nicht lesen — keiner von allen hier. Ich wette, im letzten haben sie es nur auf eine Erpressung abgesehen.«

»Ich wollte, Sie hätten recht, aber ich bezweifle es.« Stephens süttelte den Kopf. »Viel eher sieht es danach aus, als wollten sie uns am Weiterritt nach Copán hindern.«

»Und wenn schon! Ich bin nicht wochenlang durch dieses Land geritten, um jetzt wieder umzukehren, nur weil dieser Banditenoffizier vielleicht die Stirn runzelt.«

»Ganz meine Meinung«, sagte Stephens ruhig. »Allerdings bezweifle ich, daß es uns irgendwelche Vorteile bringt, wenn wir ihn bis aufs Blut reizen.«

Doch Catherwood hatte die letzte Bemerkung schon nicht mehr gehört. Erregt wandte er sich an den Anführer. »Wissen Sie überhaupt, wer hier vor Ihnen steht, Señor . . .«

»— Don Miguel. Hauptmann, wenn's beliebt. Jederzeit zu Diensten.«

»Wissen Sie, daß dieser Herr hier der beglaubigte Gesandte der Vereinigten Staaten von Nordamerika bei der

mittelamerikanischen Zentralregierung ist?« Catherwood versuchte angestrengt, seinen Zorn unter Kontrolle zu bekommen. »Außerdem ist sein Paß vom Präsidenten der USA persönlich unterzeichnet.«
Der Hauptmann entzündete sich eine selbstgedrehte Zigarre. »Der Präsident der USA ist mir genau so unbekannt wie Sie, Señor.« Er blickte Catherwood fröhlich an. »Darum gilt seine Unterschrift, falls sie überhaupt von ihm stammt, was ja keineswegs bewiesen ist, soviel wie Ihr Wort, Señor.«
»Ist das alles? Mehr haben Sie nicht zu sagen?«
Die Augen des Hauptmanns funkelten wie kleine schwarze Perlen unter den buschigen Brauen. »Wenn Ihr Präsident in diesem Land etwas zu sagen hätte, würde ich mich vielleicht für ihn in Schweiß bringen lassen. Aber noch ist das nicht der Fall.«
Der Alkalde mischte sich ein. »Wir hatten schon einmal einen Besucher hier — vor vielen Jahren, Señor. Der hatte auch einen Paß, aber er war sehr viel kleiner«, rief er triumphierend. »Nicht größer als meine Hand. Nicht größer als meine Hand!«
»Du hältst das Maul, Alter«, sagte der Hauptmann leise. »Niemand interessiert sich hier dafür, was du denkst.«
Der Alkalde zuckte zusammen. »Nicht größer als meine Hand«, wisperte er beflissen, während er wie eine erschreckte Katze in den Hintergrund floh.
»Sie haben also beschlossen, daß unsere Pässe keine Gültigkeit besitzen. Und welche Folgerungen ziehen Sie daraus?« fragte Stephens ruhig.
Der Hauptmann wälzte die Zigarre im Munde wie einen Fisch. »Moment, Caballeros! Damit es hier keine Mißverständnisse gibt! Ich habe nicht beschlossen, daß ihre

Pässe ungültig sind, sondern nur, daß sie einer Bestätigung der Echtheit bedürfen. Und was die Folgerungen betrifft, so hören Sie mir beide gut zu, falls Sie Ärger vermeiden wollen . . .«

Er trat langsam näher. Er war barfuß, und seine Hose war zerrissen, aber das tat seiner Autorität keinen Abbruch. Er starrte Stephens an.

»Sie werden mit Ihrem Secretario den Ort hier vorläufig nicht verlassen. Das heißt, Sie werden weder umkehren noch Ihren Ritt fortsetzen. Ich hoffe, Sie haben verstanden. Das ist ein Befehl.«

»Befehl!« brauste Catherwood auf. »Eine Unverschämtheit ist das! Sie scheinen uns mit Ihren Indios zu verwechseln«, schnaufte er.

Der Offizier war während der letzten Worte immer mehr erblaßt. »Verdammt will ich sein, wenn ich so mit mir reden lasse!« brüllte er. »Das werden Sie bereuen!«

Er riß die Pistole hervor. Augustin sprang an Stephens vorbei und fiel dem Offizier in den Arm. Gleichzeitig stürzten mehrere Indios heran, um den vermeintlichen Angriff auf ihren Anführer abzuwehren. Stephens sah das Aufblitzen von Stahl, und noch ehe er eine Bewegung machen konnte, brach der Kleine blutüberströmt zusammen. Er hatte mit einem Buschmesser einen Schlag über den Kopf erhalten. War er tot? Ermordet, weil er ihm hatte helfen wollen?

Stephens riß die Pistole aus dem Gürtel. Auch Catherwood hatte seine Waffe gezogen, sah er. Sein Zorn, vor allem der Schmerz über den brutalen Niederschlag, waren heftig. Sie waren in dem Augenblick, da er sich bemühen mußte, eine offene Auseinandersetzung zu vermeiden, fast unerträglich.

»Wenn Sie ihn erschlagen haben, kommen Sie nicht mehr lebend aus diesem Raum«, hörte er sich sagen.
»Halten Sie sich zurück!« preßte der Hauptmann hervor. »Wenn Sie die Waffe heben, sind Sie ein toter Mann. Ich warne Sie.«
Catherwood kniete bei dem Kleinen, in der Linken die Pistole. Mit der Rechten fühlte er den Puls.
»Er lebt«, stieß er hervor. »Wahrscheinlich ist er nur ohnmächtig. Ich brauche ein Tuch, um die Wunde zu verbinden.«
Stephens warf ihm ein Handtuch zu.
»Es bleibt also dabei.« Der Anführer hatte sich von seiner Überraschung erholt. »Sie werden den Ort nicht verlassen. Und damit Sie nicht auf dumme Gedanken kommen, werden meine Männer das Haus bewachen.« Er starrte Stephens an. »Vergessen Sie nicht, daß Sie es hier mit Indios zu tun haben. Ein Menschenleben raubt denen noch lange nicht den Schlaf . . . Ja, und dann möchte ich die Pässe.«
»Nein.«
Vor Verblüffung war Stephens beinahe unfähig zu antworten.
»Sie hören wohl schlecht – die Pässe.«
»Schießen Sie ihn nieder, Herr!« Augustin, das Handtuch um den Kopf gewickelt, hielt plötzlich eine Pistole in der Hand. »Lassen Sie sich die Pässe nicht abnehmen! Wir sind ihnen weit überlegen. Gonzales wartet mit den Gewehren draußen.«
»Du hälst den Mund!«, sagte Stephens scharf. »Mische dich da nicht hinein! Auf keinen Fall wirst du als erster schießen.«
»Bekomme ich jetzt die Pässe?«

Zum erstenmal konnte Stephens feststellen, daß die Stimme des Hauptmanns unsicher geworden war.
»Und wenn ich es nicht tue?«
Stephens war ruhig, beinahe heiter. »Wenn Sie die Pässe wollen, müssen Sie sie sich schon selbst holen.«
Für lange Zeit sagte niemand etwas.
Aber dann waren sie wie aufgepeitscht. Fünf, sechs Männer drangen gleichzeitig auf Stephens ein. Macheten blitzten durch den Qualm. Mit verzerrten Gesichtern, die Stimmen vor Wut belegt, redeten sie durcheinander. Ein Mestize, einen brennenden Kiefernast in der Hand, starrte ihn entrüstet an.
»Gib den Paß! Gib dem Hauptmann sofort den Paß! Es ist, als ob — als ob du den Präsidenten persönlich beleidigt hättest.«
»Haltet euch zurück, Männer!« brachte Stephens hervor. Durch ihre jäh aufbrechenden Leidenschaften fühlte er sich augenblicklich in die Verteidigung gedrängt; aber er war nicht gesonnen nachzugeben.
»Niemand erhält meinen Paß«, sagte er. »Ich verlange, daß man einen Boten zu General Carrera schickt. Er soll entscheiden.«
In diesem Augenblick erschien ein Offizier, begleitet von zwei Soldaten, in der offenen Tür. Sein Blick überflog die Ansammlung, dann stieß er die Männer roh auseinander.
»Was geht hier vor? Seid ihr verrückt geworden!«
Die Männer starrten ihn mit aufgerissenen Gesichtern an. Der Aufruhr stockte und verblieb im ungewissen. Bedrückt und mürrisch wichen sie zurück.
»Nichts geht hier vor, Oberst«, sagte der Hauptmann unsicher.

Vermutlich handelt es sich bei dieser Darstellung auf einem 1,20 Meter hohen Altar um Könige oder Krieger. Die gekreuzte Beinhaltung erinnert stark an die orientalische Sitte

»Was macht ihr mit den Fremden? Los, reden Sie schon!«
Der Hauptmann begann zu sprechen. »Sie wollen zum Copán und über die Grenze. Aber sie besitzen keine gültigen Pässe.«
»Stimmt das, Señor?«
Stephens zögerte und starrte den Oberst an. Dann lächelte er und war sich ein wenig bewußt, wie sehr ihn dieser Augenblick freute. »Mein Name ist John Lloyd Stephens«, erklärte er. »Ich bin Gesandter der Vereinigten Staaten von Nordamerika bei den Vereinigten Staaten von Zentralamerika. Der Herr neben mir, Señor Catherwood, ist mein Sekretär. Der Hauptmann bezweifelt jedoch in geradezu beleidigender Weise meine Angaben. Obwohl ich ihm unsere Pässe zeigte.«
Der fremde Offizier zögerte. »Kann ich Ihre Dokumente einmal sehen, Señor?«
»Gewiß«, sagte Stephens ruhig. »Vielleicht lesen Sie sie einmal den Anwesenden im Wortlaut vor. Ich bin nicht sicher, ob alle Einzelheiten ganz richtig verstanden wurden.«
Der Offizier überflog den Text, dann las er ihn Wort für Wort vor. Die Männer lauschten mit mürrischen Mienen. Sie hatten zwischen dem Wunsch, eine Plünderung mitzumachen, und dem Gefühl, daß dies eine gefährliche Sache für sie werden könnte, hin und her geschwankt. Jetzt hatten sie nur noch Verachtung für ihren Anführer. Ein Offizier mußte wissen, wie er mit zwei Fremden fertig wurde, und das hier war Stümperei gewesen. Darin waren sich alle einig. Verlegen spien sie auf den Fußboden, tappten hin und her, und einige trotteten schließlich ins Freie.
Der Oberst reichte Stephens die Papiere zurück. Dann

blickte er dem Hauptmann fest in die bewegungslosen, glitzernden Augen.
»Diesmal hatten Sie unrecht. Ich denke, Sie werden sich bei den Caballeros entschuldigen.«
Irgend jemand kicherte.
Der Hauptmann blickte Stephens ungläubig an. Er atmete mehrmals tief ein.
»Los, Hauptmann, entschuldigen Sie sich.«
Wenn der Anführer die Pistole noch in der Hand gehabt hätte, würde er Stephens wahrscheinlich erschossen haben. Es wäre ganz mechanisch geschehen, soviel sah Stephens seinen Augen an. Aber mit sich selber zu Rate gehen und dann erst den Gehorsam verweigern, das war eine andere Sache. Der Hauptmann wußte, daß er nachgeben mußte. Ohne den Oberst anzublicken, kam er heran. Er sah aus wie ein alter Büffel, der mit gesenktem Kopf und wütenden Augen auf jemanden losgeht.
»Tut mir leid«, stieß er mit zuckenden Mundwinkeln hervor. Die ungewohnten Worte fielen wie Steine von seinen Lippen.
»Damit ist es dann wohl erledigt«, sagte der Oberst. »Sie können mit Ihren Leuten abrücken«, befahl er dem Hauptmann. »Ich möchte auf keinen Fall, daß hier noch irgend jemand belästigt wird.«
»Noch eine Frage, Oberst«, warf Stephens ein. »Wie haben wir unsere Lage zu sehen? Sind wir weiterhin halbe Gefangene, oder steht es uns frei, morgen früh unseren Ritt fortzusetzen?«
Der Offizier wich mit einem Scherz aus. »Nun, Sie bleiben doch zunächst einmal hier zur Nacht, nehme ich an. Ihren Leuten wird die Ruhe nicht schaden, könnte ich mir denken. Oder?«

Stephens lächelte nicht. »Ich glaube, Oberst, ich möchte doch eine Botschaft an den General senden.«
»Und was versprechen Sie sich davon?« Der Oberst hob die Brauen. »Wie Sie wollen«, erklärte er steif. »Sie werden allerdings für einen Boten sorgen müssen.«
»Einverstanden.«
Stephens sprach selbst mit dem Alkalden, der nach einigem Zögern einen jungen Burschen rief. Nachdem der Preis ausgehandelt war, wandte er sich an Catherwood. »Señor Catherwood, wollen Sie bitte schreiben.« Seine Stimme war kühl und gefaßt, als ob es ihn nicht beträfe, während er in knappen Sätzen die Vorfälle der Nacht zusammenfaßte.
». . . muß ich Eure Exzellenz leider davon in Kenntnis setzen, daß die von Eurer Exzellenz persönlich unterzeichneten Dokumente offensichtlich von einigen Offizieren als nicht ausreichend angesehen werden und ich mich zur Zeit in Gefangenschaft befinde. Ich muß daher Eure Exzellenz dringend um eine sofortige, unmißverständliche Weisung an alle unterstellten Offiziere ersuchen, die es mir gestattet, meine Reise, gemäß meinem Auftrag, ohne weitere Verzögerungen fortzusetzen . . . Mit dem Ausdruck meiner besonderen Hochachtung — Unterschrift — Siegel . . .«
Catherwood nickte. »Ich denke, das wird die gröbsten Schwierigkeiten vorerst einmal beseitigen.« Stephens hob die Augen und suchte eine Sekunde lang die des Oberst. »Noch habe ich alle Namen und näheren Angaben verschwiegen. Ich fürchte allerdings, wenn es zu einer offiziellen Beschwerde von Regierung zu Regierung kommen sollte, werden sich solche Einzelheiten kaum mehr vermeiden lassen.«

Catherwood kam heran. Er hatte den Brief mit einem amerikanischen halben Dollarstück gesiegelt.
»Wenn Sie ihn lesen wollen, Oberst?« sagte Stephens ruhig.
Der Offizier schüttelte kaum merklich den Kopf, aber seine Augen hingen an dem Siegel. Groß, riesig fast, sehr eindrucksvoll breitete der Adler seine Schwingen. Die Sterne ringsum glitzerten in dem unsicheren Licht. Auch die anderen drängten jetzt heran. Mit gereckten Köpfen, leise flüsternd starrten sie auf den Brief. Was alle Worte, alle Beteuerungen nicht vermocht hatten, war diesem Schreiben, vor allem dem Siegel, gelungen. Die Leute waren tief beeindruckt. Stumm, mit scheuen Blicken, drängten sie hinaus.
Der Bote erschien, ein plumper, derber Bursche. Er grinste verlegen und sah Catherwood fragend, dumpf vertrauensvoll an, während ihn dieser in seine Aufgaben einwies. Minuten später trottete er davon, und Stephens verabschiedete sich von dem Oberst. Der Offizier reichte ihm die Hand. Er fühlte sich offensichtlich unbehaglich und suchte das Gesicht zu wahren. Die Gewichte hatten sich während der letzten halben Stunde verlagert. Und beide waren sich dieser Sachlage bewußt.
Minuten später waren sie allein. Stephens entzündete sich eine Zigarre und trat an die offene Tür. Nach dem langen Aufenthalt in der stickigen Hitze wirkte die Nachtluft geradezu kühl, und er atmete tief. Der Mond stand am Himmel und versilberte die Kakteen und Palmen. Der Hauptmann hatte seine Leute in hundert Schritten Entfernung lagern lassen. Stephens sah die Wachen, die mit umgehängten Musketen lustlos durch das Gras trotteten.

Weit hinten am Horizont hoben sich die schroffen Gratlinien eines Gebirgszuges gegen den helleren Himmel ab und senkten sich von Hügel zu Hügel abwärts. Dort irgendwo floß der Copán durch den Dschungel. Wenn sie Glück hatten, würden sie morgen die Reise fortsetzen können und in drei Tagen den Fluß erreichen.

Was würde sie am Copán erwarten? In seine geheime Freude über das Erreichte mischte sich ein wenig Sorge. Zwar glaubte er nicht, daß alle Berichte aus der Luft gegriffen waren. Dagegen sprach die Erzählung des Alkalden. Aber die Wirklichkeit konnte doch sehr viel ärmlicher sein. Einige zerfallene Bauwerke, einige schon wieder halb in die Erde gesunkene, dschungelüberwucherte Ruinen würden kaum die Anstrengungen einer solchen Reise lohnen. Immerhin war diese Möglichkeit nicht völlig auszuschließen; er wußte es seit langem. Seit Monaten stand dieses Risiko hinter allen Plänen und Erwägungen.

Eine halbe Stunde verging. Längst hatte er die Zigarre aufgeraucht und weggeworfen. Er war müde, aber gleichzeitig wußte er, daß er keinen Schlaf finden würde. Aus dem ununterbrochenen Lärm der Wachtruppe, ihrem Singen und Lachen, drangen immer wieder einzelne Rufe und Befehle. Gestalten und Tiere verschwanden in der Dunkelheit und andere tauchten auf. Als er persönlich den Hauptmann hörte, wurde er aufmerksam.

»... ich wünsche keinen von euch in der Dunkelheit zu verlieren«, hörte er ihn sagen. »Immer beieinander bleiben, das ist sehr wichtig. Haltet euch meinetwegen am Gürtel des Vordermanns. Wo ist übrigens der Alte? Aha, du gehst jetzt zu ihnen und sagst ihnen, daß sie morgen machen können, was sie wollen ...«

Stephens war plötzlich hellwach. Sollte das Gespräch die Wende bedeuten? Wie zur Bestätigung tauchte plötzlich der Alkalde vor ihm auf, gefolgt von dem Boten. Die beiden hatten schwer getrunken. Aus dem verworrenen Gestammel ging hervor, daß die Belagerung aufgehoben sei und die Fremden die Reise morgen früh nach Belieben fortsetzen könnten.

Ernst und mit dem Ausdruck stolzer Befriedigung wandten sich die beiden nach einer tiefen Verbeugung, die sie nur mit gegenseitiger Unterstützung zuwege brachten, wieder ab und tappten mit unsicheren Schritten in die Dunkelheit davon.

Stephens sah plötzlich den Brief am Boden, und während er ihn aufhob, mußte er lächeln. Er blickte auf das riesige Siegel, und je länger er es betrachtete, um so größer wurde seine Heiterkeit. Welch eine Szene! Die ungeheure innere Spannung löste sich in einer übersteigerten Lustigkeit. Seine Schultern zuckten, und er fühlte sich wie im Fieber. Nur noch ein paar Stunden mußten sie hier aushalten, aber das Abenteuer hatte bereits begonnen.

Der Weg war frei. Alles lag vor ihm.

10

Sie erreichten den Copán drei Tage später um die Mittagszeit. Bis zu den Knöcheln im Schlamm wateten sie durch den Dschungel zum Ufer vor und blickten über den Fluß. Er schien in der Mitte tief zu sein; grün mit einzelnen mattsilbernen Glanzlichtern floß er, von der heftigen Strömung getragen, dahin. Aber an den Rändern entlang war ein breiter Streifen flachen Wassers, das gischtend über die zerfressenen Felsen sprang. Die Bäume standen mit ihren hohen Luftwurzeln im Morast und warfen ihre Schatten über den Fluß. Stephens fühlte sich wie in einem endlosen Tunnel, dessen feuchte Wände aus tropfendem Blattwerk bestanden. Nur mühsam sikkerte das Sonnenlicht durch das dreißig Meter dicke Geflecht aus Ranken, Ästen, Blättern und Zweigen.

»Sieht nicht aus, als hätten wir eine große Entdeckung gemacht«, keuchte Catherwood enttäuscht.

»Warten wir es ab«, sagte Stephens. »Wir können nicht erwarten, mit dem ersten Schritt bereits ins Ziel zu treffen. Kommen Sie! In ein paar Stunden wissen wir mehr.«

Sie setzten den mühsamen Marsch entlang des Ufers fort, die verängstigten, widerstrebenden Maultiere am langen Zügel hinter sich durch das Unterholz zerrend. Eine Stunde verging. Der Fluß wand sich weiter durch den Dschungel. Nach zwei Stunden hatten sie vergessen, wie das Land im Sonnenlicht aussah. Stephens fühlte, wie das Schlammwasser langsam durch die eingefetteten Stiefel drang und ihm die Hosen bis zu den Knien durchweichte. Die Jacke war über den Schultern bis tief in den Rücken hinein feucht, und unablässig tropfte es von der niederhängenden Krempe seines Hutes. Sie waren jetzt rings von der Wildnis eingeschlossen, von der Dämmerung und dem Rauschen des Flusses. Der feuchte Geruch der Farnkräuter, des Wachstums und der Fäulnis bedrängte sie und löste ein erstickendes, würgendes Gefühl in ihnen aus. Ihre Ohren waren von den jähen Geräuschen der Dschungeltiere erfüllt, dem feinen Sirren der Moskitos, dem Plappern der Sittiche und dem streitsüchtigen Fauchen der Affen, die ihnen von Ast zu Ast durch die grüne Dämmerung wie gereizte Wächter folgten.

»Jeder Schritt eine elende Schinderei«, stöhnte Catherwood. Der heftige Gestank nach Fruchtbarkeit und Verwesung erweckte in ihm die leise Ahnung, daß Schlimmes bevorstand.

An einer Biegung machten sie halt und überblickten die Flußstrecke, die vor ihnen lag. An dieser Stelle wuchs das Dickicht bis ans Wasser, und Stephens watete hinaus. Zwanzig Meter vom Ufer entfernt, hielt er an, und im nächsten Augenblick zuckte er zusammen.

»Sehen Sie einmal dort drüben! Das ist doch . . .«

»Tatsächlich! Eine Mauer oder ein Steindamm.« Catherwood kam durch das aufspritzende Wasser heran. »Unglaublich«, murmelte er. »Niemals hätte ich so etwas für möglich gehalten . . . Die Mauer muß wenigstens zwanzig Meter hoch sein.«

»Dreißig«, sagte Stephens. »Und jeder Stein ist behauen. Sie sitzen fugenlos aufeinander. Eine unglaubliche Energieleistung . . . Jahrhunderte reißenden Wassers haben sie nicht zerstören können.«

Seine Glieder zuckten vor Anstrengung, und er brauchte alle Kräfte, um in dem rasch fließenden Wasser das Gleichgewicht halten zu können. Doch er merkte es nicht. Die Erschöpfung war von ihm abgeglitten. Die Spannung staute sich in seiner Brust. Er schluckte und sah sich einen Augenblick nach den Männern um, die gleichgültig und verständnislos am Ufer hielten. Seine Sinne waren ungewöhnlich wach.

»Los, wir waten hier durch den Fluß!« befahl er.

Gonzales schielte durch das Dschungeldickicht und durchforschte einen Augenblick lang die Wasserfläche.
»Gefährliche Sache, Señor«, rief er.
»Möglich. Aber nicht gefährlicher als überall sonst.«
Stephens kehrte zum Ufer zurück und befestigte ein Seil an einem der Bäume. Es sollte den anderen, wenn sie mit der Ausrüstung und den Tieren folgten, als Stütze dienen. Dann knüpfte er sich das freie Ende um die Hüften. Er arbeitete rasch und duldete keinen Aufschub. In wenigen Stunden würde die Nacht hereinbrechen, sie hatten noch kein Quartier, und er wollte sich unter allen Umständen zuvor Gewißheit verschaffen.
Doch die Durchquerung war schwieriger, als er erwartet hatte. Obwohl er sein Maultier und alles Gepäck bei Catherwood zurückgelassen hatte, brauchte er alle Kräfte, um nicht von der Strömung fortgerissen zu werden. Immer wieder rutschte er auf den glatten Felsen des Flußbodens aus. Einmal glitt er ab, stürzte und schlug sich das Knie blutig. Als er wieder auftauchte, keuchte er nach Luft und war vor Schmerz einer Ohnmacht nahe. Die letzten dreißig Meter mußte er schwimmen.
Am Ufer sank er zu Boden und war minutenlang unfähig sich zu bewegen. Er hustete das Wasser aus, das er geschluckt hatte. Dann löste er mit zitternden Fingern das Seil und band es an eine der armdicken Luftwurzeln.
Catherwood folgte als erster. Er trug neben dem eigenen auch noch einen Teil von Stephens Gepäck. Mühsam und in großen Abständen kämpften sich schließlich die übrigen durch den Fluß, der wie ein lebendes Wesen gegen sie ansprang und sie mit sich zu reißen suchte. Während sie sich mit der einen Hand am Seil festhielten, führten sie mit der anderen die Tiere.

Zwei Maya-Gottheiten: rechts der Regengott Chac, links der Maisgott

»Kommen Sie, versuchen wir unser Glück!« Stephens sprang auf die Füße. Noch immer zitterten ihm die Muskeln vor Überanstrengung und er fühlte sich keineswegs völlig erholt; aber stärker noch trieb es ihn vorwärts. Er brauchte endlich Gewißheit.

Hintereinander drängten sie sich durch das Dickicht aus Ranken, Unterholz und Bambusschößlingen, wichen Bäumen aus und schlugen sich mit ihren Macheten einen Pfad durch dornige Hecken, deren tückische Stacheln sich in ihren Kleidern verhakten. Sie brauchten fast eine Viertelstunde für den Weg, den sie sonst in drei oder vier

Minuten zurückgelegt hätten. Doch dann standen sie vor der Mauer.
Grau und riesig in dem unsicheren Licht ragte sie vor ihnen auf. Die Steine, sauber behauene Quader aus grauem Sandstein, fühlten sich rauh und feucht unter seinen Händen an. Seit der Urwald den Ort wieder überwuchert hatte, vielleicht schon vor Jahrhunderten, hatte sie kein Sonnenlicht mehr getroffen, und Stephens spürte die Kälte, die von den nassen Steinen ausging. Moos und Flechten überwucherten die Blöcke, und in den winzigen Fugen hatten sich einzelne Grasbüschel festgesetzt, deren braune Rispen unter seinen heftigen Atemzügen zitterten.
»Eine Treppe! Nur dreißig Meter von hier«, rief Catherwood.
Sie hatten die Mauer an ihrer Südwestecke erreicht, stellte Catherwood mit Hilfe des Kompasses fest.
»Hier! Sehen Sie die Treppe?« Catherwood winkte.
Verblüfft blickte Stephens auf die Sandsteinstufen. Sie waren beinahe kniehoch und mit dicken, federnden Polstern aus Gras, Bambusschößlingen und Moos überzogen.
»Eine Treppe für Riesen«, sagte Catherwood.
»Sie war sicherlich auch nicht für jedermann bestimmt.«
Sie kletterten Stufe um Stufe empor. Das Ganze war nicht ungefährlich, mußte Stephens erkennen. Wenn er erst einmal ins Rutschen geriet, gab es kein Halten mehr. Dann würde er in die Tiefe stürzen, und Knochenbrüche oder schmerzhafte Prellungen waren das mindeste, das ihn erwartete. Sorgfältig prüfte er die Stauden und Ranken, ehe er es wagte, sich an ihnen festzuhalten.
Schließlich erreichte er die Höhe der Baumwipfel, und

nun ging es rascher. Die Sandsteinstufen waren trocken, sogar das Moos fehlte. Nachdem er die letzten Meter überwunden hatte, half er Catherwood empor.
Das späte Sonnenlicht gleißte und wurde von der schimmernden Decke der Baumkronen zurückgeworfen. Stumm standen sie nebeneinander und blickten nach Osten. Wie ein endloser grüner Teppich breitete sich der Dschungel unter ihnen aus. Einige Vögel, die sie aus ihrer Ruhe aufgestört hatten, flatterten aufgeregt umher oder schaukelten närrisch pfeifend auf den Zweigen, die über das dichte Geflecht hinausragten. Sonst herrschte Stille. Nach dem Zwielicht der letzten Stunden blinzelten sie verblüfft in das ungewohnte Licht. Sie fühlten sich unsicher und empfanden sogar ein wenig Scheu vor dem riesigen, dicht unter ihnen liegenden Wald.
Alles erschien ihnen plötzlich so nackt und schmerzhaft. In einigen hundert Metern Entfernung ragte eine graue, quadratische Plattform aus dem Blattwerk, die sich nach allen Seiten stufenförmig verbreiterte, ehe sie sich wieder im Dschungel verlor.
»Ein Turm in der Form einer Pyramide«, sagte Stephens.
»Mein Gott, dann hatten Sie also doch recht«, murmelte Catherwood. »Das sind keine spanischen Bauten. Das hat nichts mit Europa und europäischer Kultur zu tun.«
»Nein«, sagte Stephens leise. »Wahrscheinlich nicht.«
»Wissen Sie, was das bedeutet? . . . Wann immer man von Humboldts Entdeckungen in Mexiko spricht, von Mitla, Xochicalco und der Tempelpyramide von Cholula, wird man auch fortan Copán nennen müssen.«
»Möglich«, sagte Stephens nach einer Weile. »Schon möglich.« Sein Gesicht war ausdruckslos; nur die leicht bedrückte Stimme verriet ein wenig seine Verwirrung.

»Und wer Copán erwähnt, wird auch den Namen John Lloyd Stephens nennen. Wissen Sie, was das bedeutet? . . . Ich frage mich, ob Sie es wirklich wissen. Berühmt sind Sie! Ein berühmter Mann.«

»Na, na, das erscheint mir aber reichlich verfrüht. Und außerdem vergessen Sie sich selbst.«

»Ich bin nur ein Zeichner, der Illustrator, wenn Sie so wollen. Ich mache mir da nichts vor. Diese Expedition ist Ihr Werk. Sie haben sie geplant und vorbereitet. Vielleicht leisten meine Zeichnungen — falls es überhaupt dazu kommen sollte — einen bescheidenen Beitrag. Mehr aber auch nicht . . .«

»Da stimme ich Ihnen aber gar nicht zu«, sagte Stephens ruhig. »Ich gebe Ihnen recht, diese Expedition war mein Einfall, und ich habe sie vorbereitet. Aber ohne Sie wäre es auch dabei geblieben. Ohne Sie hätte ich wahrscheinlich nie den Mut gefunden, sie auch wirklich anzutreten . . . Dabei wollen wir es auch belassen, denke ich.«

Stephens zog seinen Kompaß hervor, um die Richtung der Stufenpyramide zu bestimmen. Dann entdeckten sie weitere Mauern und Türme und eine gewaltige Freitreppe, die plötzlich abbrach und im Nichts endete.

Catherwood wischte sich die Stirn. »Was glauben Sie, was das alles hier einmal war?«

»Schwer zu sagen.« Stephens zögerte. »Vielleicht eine Stadt, vielleicht ein Tempelbezirk . . . Möglicherweise auch eine Palastanlage — oder eine Mischung aus allem . . .« Er schluckte. Das Sprechen fiel ihm plötzlich schwer. Catherwood hatte recht. Ganz gleich, was ihre Forschungen auch ergeben sollten, er hatte gesiegt. Er hatte sich gegen alle Skeptiker durchgesetzt und war im Innersten davon getroffen.

»Gewißheit werden wir wahrscheinlich erst nach Wochen erhalten — wenn überhaupt«, murmelte er.

»Mein Gott, ist das schön hier! Sehen Sie einmal nach Westen.«

Stephens wandte sich um und blickte auf den Himmel über sich. Er war fast schwarz bis auf einen schmalen Streifen am Horizont. Die Sonne war bereits untergegangen; aber unmittelbar an der Stelle, wo Himmel und Dschungel zusammentrafen, leuchteten ihre Strahlen in einem farbigen Band, das sich in einem Halbkreis auf der feuchten Laubdecke spiegelte, so daß es wie eine Insel aussah. In seinen lebhaften, karminroten, goldgelben und smaragdgrünen Farben war es eine seltsame, traumhafte Insel.

Eine Reihe kleiner Wolken, wie bizarre Boote geformt und mit prächtig purpurnen Segeln, trieb langsam heran. Nach einer Weile kam es Stephens vor, als sähe er eine Insel aus dem Märchenland. Jede Einzelheit glühte und bestand im Grunde nur in seiner Phantasie. Plötzlich leuchtete eine Mauer inmitten des Dschungels auf, glänzend golden im letzten Licht. Dort mußten sich weitere Ruinen befinden. Die Fächerpalmen hatten ein flammendes Rot angenommen, die Lianen schimmerten in einem weichen Lila. Die Mauer wirkte, als sei sie aus goldenen Steinen errichtet, ein strahlendes Tor voll zitternder Wärme, ragte sie empor.

Doch es war nicht von Dauer. Langsam, unabwendbar begann die Mauer in der sie umhüllenden Nacht zu versinken. Die goldenen Steine verblaßten, wurden graublau und verschwanden aus dem Blick. Nach einer kleinen Weile waren nur der grünschwarze Dschungel, der düstere Himmel und das böse Grauweiß des Flusses

übriggeblieben. Kleine phosphoreszierende Teilchen wirbelten im Schaum. Der tote, schwarze Fluß wurde zum Spiegelbild der Nacht — ein kaltes Bild, das Einsamkeit und Gefahr umschloß.
Stephens fühlte, wie es ihn mit schweigendem Entsetzen erfüllte. Sie kletterten die Treppe hinab, Stufe um Stufe tiefer in die Finsternis und kämpften und wühlten sich durch den Dschungel zurück. Gonzales lag neben seinen Indios an einem kleinen Feuer. Augustin kauerte einige Schritte abseits. Irgend etwas schien ihn zu beunruhigen.
»Was hast du?« fragte Stephens. »Fühlst du dich nicht wohl?«
»Mir fehlt nichts, Señor«, flüsterte der Kleine. Ein seltsamer Ausdruck erschien in seinen großen, kindlichen Augen. Dann deutete er auf die beiden Indios, die in sechs Metern Entfernung auf dem Waldboden knieten.
Ihre funkelnden Augen sahen gespannt und zärtlich aus. Sie lächelten sonderbar. Vor ihnen auf einem Tuch lagen zwei mächtige Schlangen, fett und flachköpfig, mit glänzenden, in einer warmen, satten Kupferfarbe zerfließenden Schuppen, die wie durchsichtig glitzerten, während die Schlangen die Köpfe langsam hoben und näher krochen.
Stephens erstarrte vor Schreck, als der jüngere der beiden die Hand ausstreckte. Die Tiere krochen heran und legten ihre giftigen Köpfe auf seine Handfläche, als ob sie dort nach Futter suchten. Der Indio begann zu summen. Mit leiser, schriller Stimme, die an Vogellaute erinnerte, sang er ein Lied. Die Schlangen begannen sich zu wiegen. Sie hoben die Köpfe, so daß der zartgetuschte Glanz ihrer Kehlen sichtbar wurde. Ihre Zungen schnellten vor; sie schienen im Begriffe loszubeißen. Der Indio fuhr mit der Fingerspitze unendlich zart über ihre Schuppen,

und sie beruhigten sich wieder. Schließlich schienen sie einzuschlafen.
Der Indio erhob sich lächelnd und trug sie, um seinen Arm geringelt, zum Fluß. Dort gab er sie frei. Sie schwammen auf dem schwarzen, glatten Wasser wie Smaragde mit vorgestreckten Köpfen davon.
»Er sagt, die Götter sind mit unserer Reise«, erklärte Gonzales. »Er meint, die Reise würde glücklich enden.«
»Das ist wenigstens etwas«, entgegnete Stephens und wischte sich verstohlen die feuchten Handflächen an den Hosen ab. »Trotzdem würde ich in der Zukunft gern auf solche Vorzeichen verzichten, wenn sich das machen läßt. — Gibt es hier in der Nähe vielleicht einen Ort, wo wir übernachten können?«
»Don Miguel.« Gonzales nickte. »Er besitzt eine Hütte in der Nachbarschaft der Ruinen. Dort könnten wir unterkommen.«

11

Das Haus mit seinem schweren Bananenblattdach stand auf einer gerodeten Lichtung inmitten des Waldes. Im Inneren mußte ein Feuer brennen. Der Lichtschein strömte durch die Fensteröffnungen und warf einen Sprühregen von Licht auf die Farne und Schlinggewächse. Ganz in der Nähe brannte ein zweites Feuer, an dem mehrere Indios hockten. Der Duft frischgebackener Maisfladen zog durch die Nacht.
»Es ist vielleicht besser, wenn ich uns anmelde«, sagte Gonzales und kratzte sich unter dem Hut. »In diesen

Stephens' Unterkunft am Copán

Landstrichen rechnet man nicht unbedingt mit nächtlichen Besuchen.«
Stephens wartete zwischen den Tieren, während der Treiber auf die Hütte zuschritt. Er ging langsam und hielt die Hände deutlich sichtbar, um alle Mißverständnisse auszuschließen.
Wie eine Leiter sprang das Licht an seinem Körper hinab. Stephens sah, wie er sich im offenen Eingang verbeugte. Minuten später winkte er, und sie setzten den Marsch fort.
Die Blockhütte war in den Fugen mit Lehm verputzt, der bereits wieder zu bröckeln und abzuspringen begann. Der ganze Raum war vom Verfall gezeichnet. Der Tisch war

von Termiten ausgehöhlt. Die Matten und Vorhänge waren zu Fetzen zerfressen. An den Wänden hing in buntem Gemisch ein Wust von Plunder – verfärbte Kupferstiche, indianische Waffen, ein spanischer Degen, ein von den Motten angefressenes Jaguarfell.

Eine junge Frau lag stöhnend am Boden, eine Indianerin. Neben ihr stand Gonzales im Gespräch mit einem hageren Spanier mit tiefliegenden Augen und einer Warze auf der linken Wange.

»Don Miguel«, stellte Gonzales vor.

Sie tauschten einen Händedruck. Der Spanier lächelte und deutete unbestimmt auf einige Bündel Mais im Hintergrund. »Machen Sie es sich bequem. Es ist zwar nicht ganz einfach hier, aber immerhin ist Ihr Aufenthalt ja freiwillig, nicht wahr? Wie lange werden Sie beide bleiben?«

»Oh, wir sind nur für ein paar Tage hier«, antwortete Stephens. »Wir interessieren uns für die Ruinen am Copán.«

Er musterte Stephens scharf. »Sie suchen Antiquitäten? Souvenirs? Alte Jademasken, Steinbeile, Äxte, Schmuck? ... Oder sind Sie beide mehr an Edelmetallen interessiert?« Er zeigte einen mörtelfarbenen Zahn. »Da muß ich sie enttäuschen. Nichts da.«

Er trug ein Paar schmuddelige Baumwollhosen und darüber ein kragenloses Hemd. Anstelle eines Hutes hatte er sich ein leuchtend rotes Tuch um die Stirn gebunden. Seine knochigen, verhornten Füße verrieten, daß er seit Jahren keine Schuhe mehr trug.

»Eigentlich sind wir mehr an alter Geschichte interessiert«, sagte Stephens höflich. »An Inschriften, Malereien, Götterbildnissen ...«

»O«, machte er, »noch zwei Narren. Ich hätte es mir

denken können. – Wollen Sie beide diese Dinge vielleicht kaufen?«
»Warum nicht? Es käme auf die Umstände an ...«
» ... und den Preis, nicht wahr?«
Stephens nickte diplomatisch. »Gibt es denn jemand, der sie uns verkaufen könnte?«
»Don José Maria. Er wird Sie einmal aufsuchen, wenn Sie es wünschen sollten. Er ist der Besitzer von Copán. Ich könnte vielleicht ein Wort für Sie einlegen, Señor. Gelegentlich hört er sogar auf mich. Wenn er nüchtern ist.«
Die Indianerin stöhnte leise, und Catherwood kniete bei ihr nieder. »Was fehlt Ihnen?« fragte er. »Haben Sie Schmerzen?«
Die Frau lag regungslos am Boden. Ihr Gesicht zeigte keinerlei Ausdruck; aber häßlich war sie keineswegs, wie Stephens sah. Langsam öffnete sie die Augen und blickte Catherwood an.
Don Miguel gab Laute von sich, die dem Kollern eines Truthahns ähnelten, wenn er sich ärgert, und die Frau antwortete nach einer Weile.
»Haben Sie indianisch mit ihr gesprochen?« fragte Stephens verblüfft.
»Sehen Sie sie doch an«, sagte Don Miguel ärgerlich. »Würde man mit Spanisch weit bei ihr kommen? Ich mußte ihre verdammte Sprache eben lernen.« Er wandte sich an Catherwood. »Sie hat Fieber. Es kehrt jedes Jahr mit der Regenzeit wieder. In der Regenzeit ist sie für keine Arbeit zu brauchen.«
»Ist sie – Ihre Frau?« fragte Stephens zögernd.
»Sie ist es«, donnerte Don Miguel. »Weiß der Himmel: sie ist meine Frau. Ich habe zwei Musketen, ein Maultier, ein halbes Dutzend der besten Wolldecken und ein Fäß-

chen Tequila für sie bezahlt. Das war vor drei Jahren, und seitdem fällt sie mir regelmäßig ein paar Wochen aus.«

Catherwood blickte auf den feuchten Boden der Hütte. »In dieser Umgebung wird sie nie gesund werden«, sagte er. »Haben Sie schon einmal daran gedacht, Ihren Wohnsitz auf einen weniger nassen Untergrund zu verlegen?«

»Umziehen? Wegen einer Indiofrau? . . .« Don Miguel seufzte. »Das macht aber eine Heidenarbeit, Señor.«

»Ist sie Ihre Frau oder nicht!« sagte Catherwood scharf. »Und ich nehme an, Sie wollen sie doch behalten.«

»Immerhin haben Sie eine Muskete für sie bezahlt«, half Stephens.

»Nicht eine — zwei Musketen, dazu ein Maultier, ein halbes Dutzend Decken und ein Fäßchen Tequila«, korrigierte der Spanier. »Außerdem waren die Wolldecken von der besten Sorte. Es war meines Wissens der höchste Preis, der hier jemals für eine Frau bezahlt wurde.«

»Aber das sage ich doch!«

Stephens griff nach der Hand der Frau und berührte mit den Fingerspitzen ihre Stirn. Sie war glühendheiß, und der Puls raste.

»Können Sie etwas für sie tun?« fragte er Catherwood.

Catherwood zuckte die Schulter. »Ich bin kein Arzt. Rheuma und Wechselfieber, würde ich sagen, eine Mischung, die in den Tropen viel häufiger vorkommt, als man denken sollte. Ich gebe ihr vorläufig einmal ein Schlafmittel. Aber sie darf nicht hierbleiben, wenn sich ihr Zustand jemals wieder bessern soll.«

»Sie haben es gehört«, sagte Stephens zu dem Spanier. »Eine neue Hütte ist immer noch billiger.«

Don Miguel war nachdenklich geworden. »Zwar hat sie mich um manches Vergnügen gebracht, seitdem ich sie kenne. Aber in meine Geschäfte hat sie nie ihre Nase gesteckt. Auch hat sie keinen Sand in meine Tortillas gebacken, wie es die meisten Weiber machen«, meinte er. »Sie redete auch keinen Unsinn, wenn ich ruhig nachdenken wollte, und ich habe niemals nach ihr suchen müssen, wenn ich sie nötig hatte. Im großen und ganzen habe ich mit ihr wahrscheinlich sogar besser abgeschnitten, als es mit einer der vielen Mestizinnen der Fall gewesen wäre, die für Stunden nicht mehr zu finden sind, wenn nur irgendwo ein Fest gefeiert und getanzt wird.«

»Klar«, sagte Stephens ruhig. »Solche Vorzüge sollte man niemals leichtfertig in den Wind schlagen.«

Catherwood wühlte in seiner Reiseapotheke. Viel war da nicht zu machen, wußte Stephens. Gehorsam trank die Frau. Als ihr klar wurde, daß man ihr helfen wollte, war etwas wie ein Zittern in ihrem Gesicht. Stephens hatte den Eindruck, als verzögen sich ihre Lippen für den Bruchteil eines Augenblicks zu einem Lächeln.

Minuten später verrieten ihre Atemzüge, daß sie eingeschlafen war.

12

Mit dem ersten Licht brachen Stephens und Catherwood zu den Ruinen auf. Es hatte während der Nacht geregnet. Der Boden war aufgeweicht, und unablässig tropfte es von den Bäumen auf sie herab. Sie erreichten die Mauern, die sie vom gestrigen Vorbeimarsch kannten,

schlüpften durch eine Lücke und befanden sich inmitten eines ausgedehnten Trümmerfeldes. Eine Stunde lang schlugen sie sich mit ihren Macheten einen Pfad an gestrüppüberwucherten Quadern, niedergebrochenen Mauern und Treppen vorbei, ohne auf etwas Besonderes zu stoßen. Es war eine mühselige Arbeit. Sie kamen nur unendlich langsam vorwärts, und ihre Sicht war in dem grünlichem Dämmer auf wenige Schritte beschränkt. Über ihren Köpfen lärmten Affen, Vögel flatterten davon, und immer wieder huschten Dschungeltiere vor ihren Füßen auf.
Stephens war tief erregt. Die Ruinen zogen ihn an, schienen ihn zu verspotten und entflammten durch ihre Größe seinen Ehrgeiz. Sobald er an einer Mauer vorüberkam, starrte er an ihr empor, prüfte mit den Händen die Steine und empfand instinktiv den Wunsch, sie zu besteigen, um auf der Spitze zu stehen und den ganzen riesigen Komplex unter seinen Füßen zu haben. Er verspürte Scheu und Gier und jene besondere, einzigartige Erregung, die er schon zuweilen im Orient bei ähnlichen namenlosen Bauwerken längst versunkener Kulturen empfunden hatte.
»Kommen Sie doch einmal her«, hörte er Catherwoods Stimme.
Der Engländer deutete auf einen doppelt mannshohen Steinblock, und als Stephens aufblickte, erkannte er die Gestalt eines Mannes. Catherwood hatte einen Teil der dicken Verwachsungen beseitigt. Stephens starrte in ein breites Gesicht mit großem Mund, vollen, vorgewölbten Lippen und halbgeschlossenen Lidern — der Kopf eines Priesters oder Fürsten. Seite an Seite entfernten sie nun auch das übrige Pflanzenpolster, schlugen mit ihren Ma-

cheten in das grüne Gewirr und trampelten den Rest mit den Füßen nieder.

»Was sagen Sie jetzt?« Catherwood keuchte wie ein Schnelläufer, und der Schweiß lief ihm über das Gesicht wie Tränen.

»Wunderbar! Etwas Ähnliches gibt es auf der ganzen Welt nicht, möchte ich wetten. Sehen Sie sich einmal diesen Schmuck an!«

Stephens trat einen Schritt zurück, um die Figur als Ganzes erfassen zu können. Doch selbst jetzt war es schwierig die Gestalt unter der Überfülle des Schmucks auszumachen. Da waren im Grunde nur das Gesicht, die Unterarme und die Beine von den Knien abwärts zu erkennen. Unglaublich dieser Schmuck – Tiere, Pflanzenmuster, abstrakte Ornamente, Hieroglyphen, wohin er auch blickte. Ein Strom heißer Freude drängte sich ihm in die Kehle. Wer immer diese Skulptur geschaffen hatte, sie konnte kein Einzelwerk sein. Ein solches Kunstwerk war nur auf dem Boden einer jahrhundertealten Kultur möglich. Darüber konnte es keine Zweifel geben. Auch ein begnadeter Künstler, selbst ein Genie, hätte sie nicht aus dem Nichts heraus schaffen können, fühlte er.

»Hier ist noch etwas.« Catherwoods Stimme schlug an sein Ohr. »Das müssen Sie sehen. Mein Gott, das müssen Sie sich anschauen!«

Der Engländer kniete in zehn Metern Entfernung vor einer ganz ähnlich gearbeiteten Steinstele. Unter dem Blattgewirr blickte ein bartloser Kopf hervor, auch er sehr kräftig, mit breitangesetzter Nase und überlangen Ohren. War es das Gesicht einer Frau – einer Göttin oder Priesterin? Der Kopfschmuck gab keine Antwort, nicht einmal die Hände, die in der Körpermitte lagen, ließen eine Deutung zu. An den muskulösen Handgelenken saßen schwere Armreife.

»Etwas Seltsameres, Fremdartigeres habe ich nie gesehen«, murmelte Catherwood. »Herrlich! Einfach herrlich! . . . Dieser Stich ins Archaische . . . Was meinen Sie, sind das Porträts? Erinnerungen an Persönlichkeiten dieses Volkes? Oder nur Symbole?«

»Ich weiß es nicht«, sagte Stephens. »Ich weiß nur, daß sie an das Großartigste heranreichen, was ich jemals im Orient sah.«

Er trat an die Stele heran. Seine Scheu war so groß, daß er sich zwingen mußte, den Sandstein zu berühren. Wäre er allein gewesen, hätte er es wahrscheinlich nicht gewagt. Der Stein war kalt und feucht und sehr rauh. Behutsam entfernte er einige der Überwachsungen und kappte ein Lianenbündel, dann trat er wieder zurück.

»Was, glauben Sie, läßt sich über das Alter dieser Denkmäler sagen?« fragte Catherwood.

»Vielleicht fünfhundert Jahre, vielleicht auch tausend Jahre. Ganz sicher aber stammen sie aus der Zeit vor der spanischen Eroberung. — Hier wartet noch eine Menge Arbeit auf Sie.«

»Sie denken ans Zeichnen? Bei diesem Licht? Wie soll ich das machen? Ich bin kein Zauberer. Wenn meine Arbeiten auch nur einen bescheidenen wissenschaftlichen Wert besitzen sollen, wird es auf jede Einzelheit ankommen.«

Stephens zögerte. »Notfalls werden wir einige Bäume fällen und die Stelen vom Unterholz befreien. Vielleicht können wir einige Indios mieten.«

Sie setzten ihre Erkundung fort und stießen auf einen mehrere Tonnen schweren Quader, der waagrecht am

Diese Stele, fast 4 Meter hoch
und prächtig skulptiert, gehört zu den bedeutendsten
Schätzen von Copán

Boden lag. Der Block war behauen, soviel sah Stephens trotz der dicken Überwachsung. Sie entfernten das Gewirr aus Ranken, Zweigen und Blättern, und allmählich wurden die Umrisse von Männern sichtbar. Vier Krieger oder Priester kauerten mit untergeschlagenen Beinen beieinander. In dem unsicheren flaschengrünen Zwielicht waren nur wenige Einzelheiten deutlich zu erkennen. Dennoch verblüffte ihn auch hier die Fülle der Ornamente. Oder handelte es sich gar um Schriftzeichen? Eine Art Bilderschrift? Irgendwie erinnerten sie Stephens an ägyptische Hieroglyphen, wie er sie in Theben gesehen hatte. Warum sollte so etwas unmöglich sein? fragte er sich. Eine vage Idee war in ihm aufgetaucht, und er begann die Konsequenzen nach allen Richtungen hin zu durchdenken. Erst wenn es gelang, diese Zeichen zu enträtseln, würde jene Kultur zu sprechen beginnen und ihre Geheimnisse preisgeben. Doch solche Forschungen waren keine Sache von Monaten. Dazu würde man wahrscheinlich Jahre oder gar Jahrzehnte brauchen. Und keinesfalls ließen sie sich hier inmitten des Dschungels durchführen. Darum würden gerade exakte, detaillierte Zeichnungen, wie nur Catherwood sie machen konnte, von entscheidender Bedeutung sein.
Plötzlich sah Stephens eine feuerfarbene Eidechse. Sie hielt vollkommen still. Wie ein leuchtendes Wappenbild ruhte sie auf dem Quader; nur ihre Augen bewegten sich verstohlen unter den langen, vertrockneten Lidern. Sie blinzelte, beobachtete eine schillernde, flügelputzende Fliege und hob um eine Winzigkeit den Kopf. Dann kroch sie, unendlich behutsam, in instinktiver List, Millimeter um Millimeter vorwärts — verhielt und schoß mit Blitzesschnelle ihre lange Zunge vor. Die Fliege ver-

schwand. Der Hals der Eidechse bewegte sich. Sie schluckte. Nun verloren die Augen ihren Glanz. Der ganze Körper wurde flach, der elektrische Strahlenkranz der Spannung war geschwunden.
Auch die Rückseite des Altarsteins war mit Skulpturen verziert, Männern, die in zeremoniösen Gesprächen beieinander saßen. Während die Figuren auf der Vorderseite die Gesichter in eine Richtung drehten, fast als seien sie in der Unterhaltung gestört worden, blickten sie hier einander an. Waren es Priester? Vielleicht Gelehrte, in eine wissenschaftliche Diskussion verstrickt? Auch hier waren die Personen mit einer naiven Freude am Detail komponiert.
Catherwood hatte inzwischen eine weitere Stele entdeckt. In stummer Versunkenheit kauerte er vor einem fast vier Meter hohen Block. Armdicke Wurzeln hatten den tonnenschweren Stein aus seiner senkrechten Stellung gedrängt. Ein lautloser, Jahrhunderte dauernder Kampf schien hier entbrannt. Kein Zweifel, der Stein würde stürzen. Hilflos, wie von dem erbarmungslosen Geflecht gewürgt, hing er in der tödlichen Umklammerung der Wurzeln.
Catherwood hatte einen Teil des Blattwerks entfernt, und Stephens blickte in das alterslose Gesicht einer Frau. Die vollen Lippen hatten sich in der Andeutung eines Lächelns geöffnet. Je länger Stephens das Relief auf sich wirken ließ, um so großartiger erschien es ihm. Diese bis in die letzten Einzelheiten durchkomponierten Ornamente, dieser phantastische Pomp. Hier gab es keine leeren, mühsam gefüllten Stellen, kein Flickwerk. Er betrachtete die Kugel, die über den Händen der Göttin schwebte. Oder war sie das Mittelstück einer Halskette?

Plötzlich entdeckte er weitere Gesichter, die in Gürtelhöhe um die Figur skulptiert waren. Siegestrophäen – die Köpfe überwundener, besiegter Feinde? Aber vielleicht waren es auch Priesterporträts, überlegte er, Darstellungen der bevorzugten Diener der Göttin. Würde es jemals gelingen, eine sichere Antwort auf all diese Fragen zu finden?
Schmutzige Erdhaufen hockten in den Vertiefungen. Grasbüschel hatten sich in den Ornamenten eingenistet. Er entdeckte jetzt auch die Reste von Farbe. Zweifellos waren alle diese Stelen einst bemalt gewesen. Das Sonnenlicht stach in schrägen Strahlenbündeln durch die Baumwipfel hernieder und besprenkelte den Stein mit Licht und wechselnden Schatten. Unablässig tropfte es auf ihn herab. Stephens fühlte sich tausend Meilen weit von der offenen Steppe entfernt, gefangen in der erstikkenden, samtenen Nacht des Dschungels.
»Vielleicht sollten wir noch einen Blick ringsum werfen.«
Widerstrebend langsam bewegten sie sich weiter durch den Urwald. Der feuchte Boden federte unter ihren Schritten. Übelriechende Wassertümpel schwappten ihnen ihre Schlammwasser gegen die Hosen. Maden krochen über die Stämme. Libellen wirbelten wie Lapislazulisplitter durch den Dämmer, Wolken von weißen Motten waren da, getrieben von geheimnisvollen Instinkten. Sie wehten dahin, von Gesträuch zu Gesträuch, sie klammerten sich, eine weiße Welle nach der anderen, an die Zweige, die Lianen, die Ruinen. Dazu die Affen, neugierig wie Kinder, schwangen sie sich wie Trapezkünstler über ihren Köpfen dahin und präsentierten sich zwischen den Zweigen, einen sehnsuchtsvollen Blick in den

großen Augen. Plötzlich war ein Erzittern in der heißen, feuchten Luft. Glänzende, lichtgesponnene Spulen aus Rot und Blau und Gold schossen an den Stämmen vorüber durch die Zweige. Sie schwebten auf und nieder, rasch wie das Licht selbst — Kolibris kamen und verschwanden wieder.

An diesem Vormittag entdeckten sie insgesamt sechs Stelen. Sie rasteten neben einem der Steine und setzten am Nachmittag die Erkundung fort. Und wieder stießen sie auf ähnliche Monumente, vermooste, überwucherte, halb in die Erde gesunkene Quader, einige bereits in offenem Verfall begriffen. Keuchend und schweißüberströmt schlugen sie mit den langen Messern in den Wirrwarr aus Blüten, Lianen und Dornranken. Es dauerte oft eine Viertelstunde und länger, ehe sie die ersten Einzelheiten wahrnahmen.

Stumm kauerten sie dann auf den Fersen, den Hut zum Schutz vor Insekten tief in die Stirn gedrückt, die Hände in den Taschen vergraben, und musterten die skulptierten Figuren. Das grüne Zwielicht schien aufzuleuchten, die Gestalten traten hervor, von einem geheimnisvollen Leben erfüllt, beinahe wie Schauspieler auf einer Bühne — so fremdartig, so schreckenerregend und großartig. Da waren sie, die letzten Zeugnisse eines untergegangenen Volkes, einer längstversunkenen Kultur — Götter, Priester, Könige, schmucküberladene Frauen — lebendig bis in die letzten Einzelheiten hinein und doch der endgültigen Vernichtung so nahe. Sie konnten die Hände ausstrecken und sie berühren, ihre Gesichter, ihre Kleidung, den Schmuck, die Reifen, Ketten, Spangen und Gürtel, und doch gab es keine echte Verbindung, keine Brücke der Verständigung.

Auch am nächsten und übernächsten Tag und in der ganzen folgenden Woche setzten sie ihre Streifzüge durch die Dschungelwildnis entlang des Copán fort, nun in Begleitung von Indios, die ihnen Don Miguel geworben hatte. Tag um Tag krochen sie durch die Dorndickichte, verirrten sich zwischen den Stachelstauden, kehrten wieder um und stießen überraschend auf ihre tagealten Pfade, die bereits wieder zuzuwachsen begannen.

In einem hohlen Baumstamm fand Stephens ein Fledermausjunges, das seine runzeligen Flügel wie einen Mantel um sich geschlungen hatte. Er hielt es in der Hand; es war flaumig und gewichtlos wie ein Vogel. Er bog einen der Flügel auseinander; er war unglaublich zart und kompliziert. Das Tier bebte in seiner Hand vor Furcht, sein winziges, häßliches Gesicht lugte ihn verzweifelt an, gequält von der unerträglichen Rohheit von Licht und Lärm, die auf seinen Geweben spielten. Plötzlich hörte Stephens ein Kreischen, schrille, fast unhörbare Laute. Es war, als hielte er eine Masse nackter Nerven in seiner Hand. Behutsam setzte er das Tier zurück.

13

Als sie an diesem Abend in das Blockhaus zurückkehrten, erwartete sie Don Miguel mit spürbarer Nervosität.

»Darf ich fragen, wie Sie den Tag fanden, Señor?« Er drehte mit zitternden Fingern eine Zigarre. »Offensichtlich haben Sie den Traum vom großen Fund noch nicht aufgegeben.«

Stephens reichte ihm einen glimmenden Span. »Von großen Funden haben wir eigentlich nie geträumt. Wir sind neugierig – ganz einfach neugierig, das ist es.«
»Es sieht nicht gut aus. Die Indios sind unruhig. Sie wollen es nicht, daß Fremde die Ruhe der Götter stören. Sie fürchten um ihre alten Heiligtümer. Und mir und Don José Maria geben sie alle Schuld. Mir, weil ich ihnen beiden Unterkunft gewähre, und ihm, weil er als der Besitzer von Copán eure Anwesenheit duldet. Aber sie sagen noch mehr ... Sie sagen, ihr seid entflohene Mörder, aus dem Gefängnis ausgebrochene Sträflinge, die im letzten Augenblick den Händen der Soldaten entkamen.«
»Das behaupten sie? ... Ausgerechnet die Indios behaupten das? Da muß ich doch lachen«, sagte Stephens, plötzlich ärgerlich. »In all den Jahrhunderten seit dem Niedergang dieser Kultur hat sich niemand um diese Ruinen gekümmert. Und nun versuchen wir, sie vor dem endgültigen Vergessen zu retten, und man verdächtigt uns in dieser geradezu blödsinnigen Weise ... Und ausgerechnet die Indios sollen das tun ... Sie würden sich niemals einen solchen Unsinn einfallen lassen. Außerdem sind wir täglich mit ihnen zusammen, und keiner von ihnen hat jemals eine derartige Andeutung gemacht.«
»Vielleicht stecken andere dahinter, Señor. Ich weiß es nicht.« Der Spanier rauchte heftig. »Ich weiß nur, daß mich ihre Rache treffen wird – mich und Don José.«
Das Feuer in dem gemauerten Herd ließ ein gelbes Rechteck durch die offene Tür fallen. Stephens sah die dunklen Gesichter der Indios, die in einem weiten Kreis beieinander hockten, auf sich gerichtet. Sie blickten ihn an, reglos, aufmerksam. Was ging in ihnen vor? Was dachten sie wirklich?

Die Seitenansicht der sogenannten Stele L veranschaulicht besonders die überreiche Ornamentik dieser Statuen

Catherwood, der neben der Frau des Spaniers kniete, hob plötzlich den Kopf. »Warum überlassen Sie uns nicht diese Unterkunft? Sie wollten sich doch sowieso eine andere bauen. Bauen Sie sich auf trockenem Grund ein neues Haus, dann wird auch Ihre Frau wieder gesund werden, und wir mieten diese Hütte hier.«
»Und Don José Maria verkauft uns Copán«, fiel Stephens ein. »Er verkauft uns die Ruinen und Sie vermieten die Hütte. Damit sind sie beide aller Verantwortung ledig. Was will er für Copán? Wir werden es noch heute abend erledigen.«
Der Schatten eines zufriedenen Lächelns huschte über die eingefallenen Züge des Spaniers. »Trinken wir ein Glas, Señores. Sonst bin ich den Aufregungen nicht länger gewachsen. Meine Nerven . . .« Er stöhnte in unglaublich gut geheuchelter Verzweiflung.
Catherwood winkte Augustin, der drei große Gläser Maisschnaps brachte. Don Miguel stürzte das seine hinunter und ließ es sofort wieder füllen.
»Ich gebe Don José Maria vierzig Dollar.«
»Vierzig Dollar — für die gesamten Ruinen?« Der Spanier hob die buschigen Brauen in gespielter Verwunderung.
»Also gut — fünfzig Dollar. Aber keinen Cent mehr.« Stephens suchte seinen Paß, die Reisepapiere und Empfehlungsschreiben, soweit sie in spanischer Sprache abgefaßt waren, und warf sie auf einen der Maisballen.
»Hier sind meine Legitimationen. Sie können lesen. Überzeugen Sie sich. Vergleichen Sie die Empfehlungsschreiben. Einige sind an Persönlichkeiten gerichtet, von denen Sie sicher schon gehört haben. — Und hier ist noch etwas.« Stephens zog seine Ernennungsurkunde als

Gesandter hervor. »Lesen Sie! ENCARGADO DE LOS NEGOCIOS DE LOS ESTADOS UNIDOS DEL NORTE ... Genügt das? Was wollen Sie noch mehr?«
Don Miguel leerte sein Glas und hob abwehrend die Hände. Die Finger waren merkwürdig dunkel, unangenehm lang und vertrocknet. »Weder Don José noch ich haben jemals Ihre Worte bezweifelt, Señor. Nicht einen Augenblick. Nie. Aber da ist noch etwas. Was werden wir tun, wenn man die Echtheit der Papiere bezweifelt?«
»Wer?«
»Die Indios, Señor.«
Einen Augenblick lang war Stephens sprachlos vor Verblüffung. Draußen begann es zu regnen. Die Tropfen glänzten groß und metallisch im Lichtschein. Allmählich begriff er, daß der Spanier es tatsächlich so meinte, und er spürte, wie ihm der Zorn bis in die Fingerspitzen drang. Er fühlte sich versucht, ihn an der Kehle zu packen und zu schütteln.
»Zeigen Sie ihm Ihre Uniform«, sagte Catherwood rasch. »Sagen Sie ihm, er soll diesen José holen, und dann ziehen Sie Ihren Diplomatenmantel an.«
Und es entwickelte sich eine Szene, die Stephens zeit seines Lebens nicht vergessen würde. In der feuchtheißen Tropennacht vor dem Hintergrund des Urwaldes, während draußen ein Gewittersturm niederging und der Dschungel in flatterndem Aufruhr bebte, holte Augustin den Diplomatenmantel aus dem Koffer, bürstete ihn aus, und Stephens schlüpfte hinein.
Den zerbeulten, schlammbespritzten Panamahut auf dem Kopf, in einem karierten Hemd und weißen, schweiß- und schmutzverfärbten Hosen, aber darüber den blauen, makellos sauberen Mantel mit seinen dollargroßen Knöp-

fen, die wie pures Gold blitzten, überspielt von den Flackerlichtern des Herdfeuers, stellte er sich, halb belustigt, halb ärgerlich, den staunenden Blicken.
Don José Maria erschien und hinter ihm Gonzales mit der Gefiederten Schlange. Sekunden später drängten auch die anderen herein — Frauen, Diener, Mestizen und Indios, Dutzende von atemlos starrenden Gesichtern.
Und was alle Dokumente und Beteuerungen nicht vermocht hatten, gelang dem Diplomatenmantel. In scheuer Ehrfucht schoben sie sich näher, befühlten mit ihren nassen Fingern das schwere Tuch und bestaunten die blitzenden Messingknöpfe.
Niemand bezweifelte mehr Stephens besondere Stellung. Man arbeitete einen Kaufvertrag aus und vereinbarte die Unterzeichnung für den nächsten Abend.

14

Zwar wurde die Unterschrift nicht am folgenden Tag geleistet. Immerhin konnte Stephens die Urkunde jedoch einige Tage später in Empfang nehmen.
Seitdem waren mehrere Wochen vergangen, und die Erkundungen neigten sich ihrem Ende zu. Es war Stephens sogar gelungen, eine Vermessung des Ruinengebietes vorzunehmen, die späteren Forschungen als Grundlage dienen konnte. Begleitet von einigen Indios, die Schneisen durch die Dickichte schlugen, hatte er die Arbeiten mit Hilfe seines Meßbandes und des Kompasses durchgeführt — den gleichen Hilfsmitteln, die er schon in Theben und Jerusalem verwendet hatte.

Die Ergebnisse ließen sich dabei in wenigen Sätzen zusammenfassen. Das Ruinengebiet lag am linken Ufer des Copán, eines Nebenflusses des Motagua, der 450 Kilometer stromab in die Bucht von Honduras mündet. Die Anlage erstreckte sich über rund vier Kilometer und endete unmittelbar am Fluß mit einer zwischen zwanzig und dreißig Meter hohen Mauer, die insgesamt 190 Meter lang war und in Nord-Südrichtung verlief. In der südwestlichen Ecke war eine freie Stelle ausgespart, hinter der sich die Reste zweier kleinerer Pyramiden erhoben.

Die Südmauer verlief im rechten Winkel zum Fluß und bestand im unteren Teil aus einer zehn Meter hohen Treppe. In der südöstlichen Ecke waren sie dabei auf einen massiven, vierzig Meter hohen Pyramidenbau gestoßen. Dicht dabei ragte eine stark zerstörte Terrassenanlage mit mehreren kleineren Pyramiden auf. Zwischen den Bauten lagen unter dicken Pflanzenpolstern die Reste von Skulpturen und Kolossalstatuen, dazu eine Anzahl Stelen. Überall waren Stephens Farbreste aufgefallen. Sogar die Pyramiden und Terrassen mußten einstmals bemalt gewesen sein.

Als er schließlich mit Catherwood nach Norden vordrang, entdeckte er eine völlig erhaltene Pyramide, an die sich eine 130 Meter lange Mauer anschloß, die sich schließlich mit der vom Fluß kommenden Frontmauer vereinigte.

Die ganze Ruinenstätte war indes eine äußerst komplizierte Anlage, und Stephens wußte, daß er sie keineswegs erschöpfend erfaßt hatte. Doch dieser Mangel erschien ihm vergleichsweise gering. Viel wichtiger war es, das Interesse der Welt auf Copán zu lenken. Er war schließlich kein Fachmann, weder Historiker noch Geograph. Zwar hatte ihn Archäologie allezeit beschäftigt; trotzdem würden ihn die meisten einen Abenteurer nennen. Er wußte es, und er war es zufrieden. Wenn die Neugierde der Öffentlichkeit nur dazu führte, daß andere, größere und besser ausgerüstete Expeditionen seine Arbeiten fortsetzten und zugleich mit der Erforschung auch die Rettung der Ruinen einleiteten, waren seine Bemühungen, die monatelangen Anstrengungen nicht umsonst gewesen.

Einen entscheidenden Anteil würden dabei die Zeichnungen Catherwoods haben, hoffte er. Denn mehr als alle Worte vermochten gerade sie es, der ahnungslosen Welt eine Vorstellung von der fremden, bizarren Schönheit dieser längstversunkenen Kultur zu vermitteln.

Dabei hatten die ersten Versuche als glatte Fehlschläge geendet.

»Ich komme mit den Zeichnungen nicht zurecht. Sehen Sie sich das an!« hatte Catherwood gestöhnt und auf die zerknüllten Blätter gedeutet, die sich seltsam grell und fremd in der grünen Wildnis ausnahmen. »Wie ich es auch anstelle, es wird nichts! Wenn ich mich auf die Details konzentriere — und diese Skulpturen bestehen ja nur aus Einzelheiten, verrückten, nie gesehenen, unglaublichen Einzelheiten, für die es in der Welt kein Beispiel gibt —, dann bleibt mir keine Kraft mehr für das Ganze.«

»Sie werden es schaffen. Ich bin ganz sicher, daß es Ihnen gelingen wird«, hatte Stephens ihn getröstet. »Haben Sie es schon mit der Camera lucida versucht? In Ägypten hatten Sie beträchtliche Erfolge damit.«

»Habe ich — ein Dutzendmal und mehr. Die Ergebnisse finden Sie hier am Boden. Es gibt nur noch eine Möglichkeit – wir müssen einige Bäume fällen oder zumindest die Äste kappen. Ich brauche mehr Licht.«

»Wir werden morgen damit beginnen.«

Doch sie hatten beide nichts von den Schwierigkeiten geahnt, die dabei auf sie warteten. Es gab keine Äxte. Die Indios verfügten nur über ihre Buschmesser. Zwei Männer arbeiteten Seite an Seite und schlugen mit den Macheten eine sich allmählich vertiefende Kerbe in den Stamm, während die anderen dösend am Boden lagen, bis es ihnen schließlich mit Hilfe der Lassos gelang, den Baum umzuwerfen. Nachdem die gefällten Stämme endlich fortgeschafft waren und man den Boden vom Unterholz gereinigt hatte, vermochte es Catherwood dann, seinen Zeichentisch aufzustellen. Den Hut tief in die Stirn gedrückt, bis zum Hals fest in die Jacke geknöpft, hatte er in Handschuhen mit der Arbeit begonnen, um sich wenigstens notdürftig vor den Moskitos zu schützen, die ihn in schillernden Wolken Stunde um Stunde umschwärmten.

Tatsächlich hatten sich die Ergebnisse nun rasch gebessert. Catherwood war zweifellos ein begnadeter Zeichner. Außerdem war er intelligent und besaß für einen so langwierigen Auftrag auch die körperlichen Eigenschaften. Ihm würde es gelingen, die Arbeiten auch allein zu Ende zu führen.

Stephens wußte, daß es Zeit für ihn wurde, die Reise fortzusetzen, wenn er sich nicht allen möglichen Mißdeutungen aussetzen wollte. Immerhin hatte er auch eine diplomatische Mission übernommen.

Gestern hatten sie sogar den Steinbruch auf der anderen Flußseite entdeckt, von dem die Erbauer Copáns die Sandsteine für ihre Mauern, Pyramiden und Skulpturen bezogen hatten — eine Hügelgruppe, etwa drei Kilometer vom Ufer entfernt. Doch es hatte keine Spur mehr der alten Straße bestanden. Schritt um Schritt hatten ihnen die Indios einen Pfad durch den Dschungel geschlagen bis hin zu den Gruben. Tief im Dschungelschatten, überwuchert von meterdickem Rankenwerk, waren sie schließlich auf die ersten Quader zwischen riesigen Splitterabfällen gestoßen — Quader in allen Stadien der Fertigstellung, Treppenstufen, Bausteine, Stelen. Einige waren bereits behauen, aber nicht mehr weggeschafft worden. Andere hatte man, offensichtlich wegen irgendeines Fehlers, vorzeitig aufgegeben und liegengelassen. Hunderte von Menschen mußten hier über viele Generationen hin gearbeitet haben — Ingenieure, Künstler, Handwerker, Sklaven. Nichts war von ihnen geblieben, ihrem Fleiß, ihrer Begeisterung, ihrem Kunstsinn, nichts als diese halbfertigen Steine. Sie hatten einen ganzen Tag zwischen den Hügeln verbracht, waren über Treppenstufen, Bausteine und Stelen zwischen riesigen Schuttbergen geklettert — suchend, forschend. Doch die Ergebnisse waren vergleichsweise bescheiden geblieben.

15

Stephens betrachtete den spitzen Feuerstein, den er gestern zwischen den Sandsteintrümmern gefunden hatte. Er war bearbeitet und hatte einem Steinmetzen vor Jahrhunderten als Werkzeug gedient. Er saß auf der höchsten Treppenstufe der großen Pyramide im Zentrum der Anlage. Er war allein, nur der Indio, der ihm seit Wochen

als Führer diente, wartete in einiger Entfernung geduldig auf die Rückkehr. Diesen Menschen war offensichtlich die Verhüttung von Metallen unbekannt gewesen. Zumindest hatte er keine Anhaltspunkte dafür finden können. Er drehte den Feuerstein in der Hand. Mit solchen Werkzeugen war Copán errichtet worden. Es erschien ihm fast unglaubhaft.
Er blickte auf den rechteckigen Platz unter sich, der rings von ansteigenden Treppen eingeschlossen war. Welchen Zwecken mochte er einst gedient haben? Fuentes hatte ihn in seiner Chronik ›Zirkusplatz‹ genannt, erinnerte er sich. Und in der Tat fühlte sich Stephens an die antiken Theater erinnert, wie er sie von Griechenland und Kleinasien her kannte: Spiele zu Ehren der Götter? . . . Es war durchaus möglich; aber dann mußten die Treppenstufen auch zugleich Sitzplätze gewesen sein — reserviert Bevorzugten aus Adel und Priesterschaft.
Der Indio kam zögernd heran, seinen kleinen Affen auf der Schulter. Offensichtlich wollte er Stephens daran erinnern, daß es allmählich Zeit zur Heimkehr wurde. Doch er sagte nichts. Stumm setzte er sich bei ihm nieder und kraulte dem Tier das Fell. Er hatte es vorgestern mit einem eiternden Dorn im linken Vorderfuß gefunden, den Stachel entfernt und die Wunde verbunden. Der Affe hatte während der Behandlung den Hals des Mannes umklammert und leise Schmerzenslaute ausgestoßen, aber sich dann geweigert, ihn wieder freizugeben. Nun waren die beiden unzertrennlich. Heute morgen hatte er Stephens verraten, daß er das Tier Ixchel nenne — wegen seiner anmutigen Lässigkeit und der Schönheit seiner Augen, die ihn an die Mondgöttin erinnerten.
»War sie schön — die Göttin Ixchel?« fragte Stephens.

Um eine Vorstellung von der Größe dieser Stelen zu vermitteln, brachte Catherwood hier einen Menschen ins Bild

»Oh, sie war schön«, flüsterte der Indio. »Die Jungfrau mit der Jadenadel, die Beschützerin der Frauen und Mädchen . . . Sie vermählte sich mit der Sonne.«
»Sag mir noch mehr, Bruder«, bat Stephens.
Der Mann starrte auf den Dschungel. Einen Augenblick lang hatte Stephens den Eindruck, er bräche in Tränen aus.
»Sie war weise und gut, und sie liebte uns . . .« Der Affe sprang auf seine Schulter. »Sie hatte Gewalt über Geburt und Tod.«
»Und wo ist sie jetzt? Verließ sie euch?«
Sie saßen schweigend da. Zikaden begannen zu kreischen, hart und schrill wie ein chirurgisches Instrument, das sich ins Hirn bohrt. Der Affe zupfte mit den Fingern an den Brauen des Mannes.
»Wo ging sie hin?« forschte Stephens.
»Niemand weiß es, Señor.« Der Indio schüttelte untröstlich den Kopf. »Wir wissen es nicht. Sie ging in das Dunkel.«
Stephens zögerte, dann legte er ihm die Hand auf die Schulter. »Hör mal, Bruder«, murmelte er. »Sag mir noch mehr von den alten Göttern. Sag mir die Wahrheit.«
Der Indio blickte ihn an. Es war ein winziges Flackern tief drinnen in seinen Augen. Plötzlich wurden sie wieder stumpf und ausdruckslos. Die unsichtbaren Fühler zogen sich zurück.
Stephens entdeckte einige Meter unter sich einen mannshohen skulptierten Stein, beinahe kreisrund wie eine riesige Kugel, und kletterte hinab. Der Indio kam zögernd hinterher und begann, ihn vom Rankenwerk zu befreien. Plötzlich stockte er, und seine Augen weiteten sich.

»Was ist?« fragte Stephens. »Gibt es etwas Besonderes?«
»Besonderes?« flüsterte der Indio. »Es ist ein Bildnis. Wie jedes andere. Nein, nein, das ist nichts, Señor. — Hören Sie? . . . Haben Sie das gehört, Señor?«
Stephens horchte. »Nein, überhaupt nichts«, sagte er.
»Es klang wie Donner. Der Regengott zürnt . . .«
Stephens beugte sich in einem plötzlichen Einfall vor. »Ist es etwa ein Bildnis des Regengotts, das wir gefunden haben, Bruder?«
»Nein, nein . . .« Ein seltsames Furchtzittern lief über die Lippen des Mannes. »Niemand kennt es. Niemand.«
»Fürchtest du dich vor dem Regengott?«
»Ich fürchte mich niemals, Señor. Mein Schutzgeist ist der König des Dschungels, der mächtige Jaguar.«
»Richtig, das hätte ich beinahe vergessen . . .«
Doch nun sah Stephens den Stein — ein riesiger, viele Tonnen schwerer Kugelblock, einzigartig in Copán: ein gewaltiger Kopf mit den Zügen eines männlichen Wesens. Mit ihren aufgeworfenen Lippen, der breit angesetzten Nase, den hohen Jochbeinen wirkte die Plastik wie ein Porträt. Die Augen unter den hochgezogenen Brauen blickten Stephens an und durch ihn hindurch, ohne ihn zu erfassen, als sei er nur lästig.
Gleichgültig, was der Stein auch darstellte, ob es sich nun um den Regengott oder um das Porträt eines Priesterfürsten handelte, diese Skulptur mit ihrem überlegen gemeisterten Realismus, hatte kaum ein Gegenstück in der Weltkunstgeschichte. In Ägypten hatte er nichts Ähnliches gesehen und gewiß nichts Vergleichbares im gesamten Mittelmeerraum.
Stephens kauerte vor der Riesenplastik. Der Indio hatte nur den kleineren Teil des Kopfes freigelegt, und er ver-

mochte die Umrisse nur zu erahnen. Da war nichts von tropisch wuchernder Üppigkeit. Alles Überflüssige, Nebensächliche fehlte. Stephens konnte der Versuchung, das Gesicht zu berühren, nicht widerstehen. Der Stein fühlte sich warm und glatt unter seinen Händen an, fast wie die Haut eines Lebenden, was alles nur noch unwirklicher machte. Langsam trat er einige Schritte zurück und starrte wieder auf das großflächige, geheimnisvolle Gesicht mit seinen fast asiatischen Zügen. Scheu und Erregung erfüllten ihn in gleicher Weise. Wie von selbst hatte er eine gelassene, selbstsichere Haltung angenommen. Jedesmal, wenn er an eine nicht ganz vertraute Sache heranging, suchte er instinktiv den Eindruck von Gleichmut zu erwecken.
Stephens wandte sich zum Gehen. Noch immer zitterte etwas von der heftigen, nie zuvor in dieser Stärke empfundenen Erregung in ihm nach. Welch ein Fund! Welch großartige Plastik hatte er noch in der letzten Stunde entdeckt!
»Kehren wir um, Bruder«, murmelte er. »Es wird Zeit, den Rückweg anzutreten.«
Der Indio sah noch immer bestürzt aus. Seine Schläfen klopften, die Stirn des Mannes glänzte von Schweiß.
»Sie werden uns morgen verlassen, Señor?«
»Wie kommst du darauf?« Stephens war verblüfft. Er hatte bisher nur mit Catherwood darüber gesprochen, und es war unwahrscheinlich, daß der Engländer die Nachricht unter die Leute gebracht hatte.
»Alle reden davon, Señor. Alle wissen es. Werden Sie einmal an uns denken?« flüsterte er.
»Immer, Bruder«, sagte Stephens feierlich. »Ich werde die Wochen in Copán niemals vergessen können.«

Der Affe beugte sich vor und strich mit dem Finger über die schweißfeuchte Stirn, leckte am Finger, schüttelte sich und fuhr erneut über die Stirn.
»Werden Sie einmal zurückkommen? Später einmal?«
»Vielleicht«, sagte Stephens, »vielleicht. Nichts ist gewiß, Bruder.«
»Nein«, sagte der Indio ruhig. »Sie werden niemals zurückkehren. Wir werden Sie niemals wieder sehen.«
Er drehte sich um. Ohne Geräusch glitt er zwischen die Bäume.
Stephens blickte noch einmal über die Anlage. Er wurde sich bewußt, mit welcher Spannung er nach Copán gekommen und welche tiefe, niemandem eingestandene Freude er beim Anblick der Ruinen empfunden hatte. Er lauschte auf das dumpfe Rauschen der Bäume unter sich. Er sah die überwachsenen Terrassenanlagen, das dunkle Mauerwerk, hörte den Lärm der Affen und Papageien und das singende Geräusch der Insekten.
Keine der alten Vorstellungen über die Geschichte des amerikanischen Kontinents ließ sich nach diesen Wochen in Copán mehr halten. Historiker und Geographen würden umdenken müssen. Das war sicher ein langsamer und wohl auch schwieriger Prozeß, und er würde nicht ohne Beschimpfungen verlaufen. Wahrscheinlich würde man sogar über ihn lachen und ihn einen Lügner und Phantasten nennen. Sollten sie! Er würde ihren Spott gelassen hinnehmen. Was einem Mann in seiner Lage, ohne wissenschaftliche Ausrüstung, ohne Hilfsmittel und Geldgeber, gelingen konnte, hatte er erreicht. Er hatte eine Schneise ins Unbekannte geschlagen. Er würde in seinem Bericht auf alle Vermutungen und Deutungen verzichten. Die Folgerungen sollten andere ziehen.

Ein Lichtschimmer schien die Pyramiden und Terrassen zu umgeben. Fremd und geheimnisvoll ragten sie wieder aus dem grünen Dschungel. Erneut fühlte er sich von der stummen, abweisenden Leere dieser Anlage beeindruckt. Hatte er sie wirklich betreten? Durch das zitternde Gewirr des Blattwerks schimmerten einige der Skulpturen. Sie schienen aus sich selbt zu leuchten. Das späte Licht warf scharfe Schatten und ließ den bizarren Zierat deutlich hervortreten. Geisterhaft leere Mauern, Stufe türmte sich über Stufe, Treppen, die im Nichts endeten, mächtige Bastionen, die seit Jahrhunderten sinnlos geworden waren ... Welch eine großartige Kultur hatte hier geblüht und war vergangen, ohne auch nur ihren Namen zu hinterlassen!

Er hatte als erster Amerikaner die Ruinen von Petra in Arabien besucht; er hatte sich ergriffen über die frühbyzantinischen Ikonen des Katharinenklosters im Sinai gebeugt; er hatte staunend vor den Pyramiden von Gizeh und der halbverschütteten Sphinx gestanden; er war in Jerusalem gewesen und hatte die Türkei und Griechenland durchritten. Doch hier? Hier versagten alle Erfahrungen. Alle Vergleiche stießen ins Leere.

Er konnte noch andere Entdeckungen machen. Wahrscheinlich waren die Dschungel Yukatans voll von Ruinen. Daneben lockte Guatemala, lockten Costa Rica, Nicaragua und Mexiko. Noch wußte er nicht, wohin ihn die Ereignisse führen würden. Aber was er auch tun würde, niemals wieder würde es so wie in Copán werden. Copán war für ihn der Durchbruch, der ganz große Erfolg, wie ihn ein Mann nur einmal im Leben erringen konnte. Stephens fuhr sich über die Stirn. Er schwitzte und stellte mit Überraschung fest, daß sein Hemd ganz kühl war.

Seine Spannung hatte für einige Augenblicke nachgelassen; er spürte die Ermüdung und die Wirkung des Schocks, den er beim Anblick der Riesenplastik empfangen hatte. Niemals würde er dieses Gesicht vergessen können, das wußte er.

Die Sonne strahlte vom Himmel herab und besprenkelte Pflanzen und Felsen mit zitternden Lichtern. Ein träger, kaum wahrnehmbarer Luftzug bewegte die Blätter. Ruhig glitt er die Stufen hinab, eine nach der anderen, und tauchte in das undurchdringliche Schwarzgrün des Dschungels hinein, das noch dunkler war als die Schatten, die er über die Mauern warf. Unter seinen Händen fühlte er die gewaltige Masse der Pyramide, und erneut empfand er jene tiefe, unerklärliche Erregung, in die ihn Copán von der ersten Stunde an versetzt hatte. Welch großartige Entdeckung war ihm hier gelungen! Welch eine Überraschung wartete auf die Welt!

Der zarte, samtige Körper eines Waldtieres streifte seine Wange, und er zuckte zurück. Ein Schauder überzog seinen Rücken und war vergangen, noch ehe er sich seiner voll bewußt wurde.

Doch dann lächelte er über sich selbst und setzte seinen Weg fort.

Nachwort des Verfassers

Copán oder »Fledermauswasser« war die erste Mayastadt, die John Lloyd Stephens entdeckte, und damit beginnt eigentlich das Studium der Vorgeschichte des Kontinentes Amerika.
Wolfgang Cordan

Als die britische Brigg »Mary Ann« mit dem ersten Frühlicht den Hafen von New York verließ und, geleitet von einem Walfänger, Kurs nach Süden nahm, ahnte niemand in der Stadt, daß die beiden Männer, die wenige Stunden zuvor an Bord gekommen waren, ein neues Kapitel in der Entdeckungsgeschichte des Alten Amerika einleiten würden – den Prozeß der planmäßigen Erforschung der indianischen Hochkulturen Mittel- und Südamerikas.

Es war der 3. Oktober 1839.

John Lloyd Stephens reiste jedoch nicht als Forscher oder Wissenschaftler nach Mittelamerika, sondern in politischer Mission. Er war Sondergesandter des amerikanischen Präsidenten bei den Vereinigten Staaten von Mittelamerika – nur daß niemand sagen konnte, wo diese Regierung ihren Sitz hatte, ja ob es sie überhaupt gab.

Doch Stephens diplomatischer Eifer war ohnehin gering, sein Ehrgeiz auf diesem Gebiet bescheiden. Im Grunde hatte er diesen Posten nur erstrebt, um leichter in das Innere Mittelamerikas vordringen zu können – und

wohl auch weil sich so ein Teil der Reisekosten als Spesen absetzen ließ.
Stephens, in Shrewsbury im Staate New York am 28. November 1805 geboren, war nach dem Studium der Rechte acht Jahre an New Yorker Gerichten tätig gewesen, ehe er zum ersten Mal die USA verließ. Die Liebe zur Fremde, die Begeisterung für unbekannte Horizonte waren ihm angeboren. Seine besonderen Neigungen galten dabei von jeher antiken Stätten, versunkenen Kulturen und alter Geschichte. Nur daß er zunächst nicht nach Mittel- oder Südamerika fuhr, um dort die verwischten Spuren der alten Völker des Alten Amerika wieder aufzunehmen — von ihnen wußte er nichts —, sondern nach Europa und in den Vorderen Orient.
Erst nach weitgespannten Reisen durch Ägypten, Sinai, Arabien, Israel, die Türkei, Griechenland, Polen und Rußland — mittlerweile 33 Jahre alt, und nachdem er selbst zwei Bücher veröffentlicht hatte — wurde er überhaupt auf Mittelamerika aufmerksam. Ein Oberst Galindo hatte da in trockenen Worten von alten Bauwerken in den Wäldern Yucatans und Zentralamerikas berichtet. Stephens forschte nach weiteren Nachrichten und stieß auf das Werk Huarros, des Geschichtsschreibers Guatemalas, der sich in seiner Chronik auf einen gewissen Francisco de Fuentes stützte. Jener Fuentes hatte von einem riesigen Gebäudekomplex am Copán erzählt, den er mit eigenen Augen gesehen haben wollte und der zu seiner Zeit noch wohlerhalten gewesen sei. Stephens war begeistert. So vage die Nachrichten im Grunde auch waren, Stephens beschloß, Copán zu besuchen. Um das gefährliche Wagnis jedoch nicht ganz allein unternehmen zu müssen, erbat er sich die Begleitung des englischen

Zeichners Frederick Catherwood. Die beiden waren Freunde, seit sie sich vor mehr als zehn Jahren in Ägypten kennengelernt hatten.

In Belize in Britisch-Honduras stiegen die zwei Amateur-Archäologen auf die »Vera Paz« um, einen ausgedienten, längst schrottreifen Küstendampfer, der sie über Livingstone, den Rio Dulce flußauf nach Izabal brachte. Hier begann nun der mehrmonatige Ritt der beiden, der sie zunächst nach Copán führte. Von dort ritten sie nach Quiriguá, folgten der karibischen Küste, entdeckten das altertümliche Tulum auf den Klippen Yucatans — eine Zwischengründung der Itzá — rasteten in Chichén-Itzá, Uxmal und dem barocken Kabá bei Uxmal. Als ihre Reise schließlich in Palenke endete, war sie zu einem einzigartigen Rundblick durch den Kulturkreis der Maya geworden.

Inzwischen hatte Stephens auch einen Bericht nach Washington geschickt, in dem er ohne Bedauern bekannte, daß er trotz eifrigen Suchens keine zentralamerikanische Regierung habe finden können — nur eine Gruppe rivalisierender, miteinander verfeindeter Generale und Expräsidenten. Staatssekretär John Forsyth war aus begreiflichen Gründen mit diesem Ergebnis wenig zufrieden und entband den diplomatischen Neuling kurzerhand von allen weiteren Verpflichtungen.

Doch das Ungemach wog vergleichsweise gering; denn als im Frühsommer 1841 Stephens Buch »Incidents of Travel in Central America, Chiapas and Yucatan« erschien, wurde es zur Sensation von New York und erlebte in kurzer Zeit mehrere Auflagen. Die Zeitungen brachten lange Besprechungen. Es kam zu erregten Diskussionen, an denen sich Laien wie Wissenschaftler in seltener Einmütigkeit beteiligten. Wenn die Schlußfolgerungen gelegentlich auch weit auseinanderklafften, so war sich die Öffentlichkeit doch in der Erkenntnis einig, daß Stephens Forschungen eine Wende in der Geschichte des Alten Amerikas bedeuteten. Als Catherwood wenig später auch seine Zeichnungen vorlegte, vertieften sie noch diesen Eindruck.

Stephens besuchte 1847 den alternden Alexander von Humboldt in Berlin, den er »den größten Menschen seit Aristoteles« nennt. Zwei Jahre später, als er die Leitung des ersten transkontinentalen Eisenbahnbaus übernahm, starb er 1852 in den Fieberdschungeln von Panama an den Folgen einer tropischen Infektion.

Auch Frederick Catherwoods Stern sank nun rasch. Ein Großteil seiner Zeichnungen verbrannte. Er selbst versuchte sich mit mäßigem Erfolg als Architekt und später als Bahnbauer in Südamerika. Im September 1854 kam er auf der Überfahrt von London nach New York bei einem Schiffszusammenstoß ums Leben — der ersten Dampferkollision auf dem Weltmeere überhaupt.

Dieses Buch schildert mit den Mitteln des Romans die erste Etappe der beiden passionierten Weltreisenden, also ihren Weg von Belize bis Copán — jene Wochen, die ihren Ruhm begründeten und Geschichte machten. Obwohl das Buch die Gefahren, Schwierigkeiten und Abenteuer der Reise in den Mittelpunkt rückt, enthält es keine frei erfundenen Passagen. Im Gegenteil, alle Kapitel halten sich eng an Stephens Aufzeichnungen — sehr viel enger als man es von einer Erzählung erwarten sollte. So ist jener operettenhafte Empfang in Izabal durch den Kommandanten und dessen malerische Wachtruppe ebenso historisch wie die Begegnung mit dem englischen

Abenteurer, der Besuch des Festes zu Ehren der heiligen Lucia ebenso wie die nächtliche Auseinandersetzung in der Ruine des Rathauses von Hocatán mit einer Rotte marodierender Revolutionssoldaten. Augustin, der vorwitzige Diener der beiden, erhielt dabei tatsächlich einen Hieb über den Kopf, und der Beschwerdebrief wurde mit einer Halb-Dollar-Münze gesiegelt. Selbstverständlich ist auch der Kauf Copáns für fünfzig Dollar, bei dem Stephens schließlich sogar seinen Diplomatenmantel anzog, um die Skrupel seiner Geschäftspartner zu überwinden, kein Produkt meiner Phantasie.

Der Leser wird vielleicht einen engeren Bezug zu den Mayas vermissen. Tatsächlich hat Stephens Copán nicht mit den Mayas identifiziert. Jedenfalls sagt er nichts darüber. Der Verfasser weiß nicht, ob ihm die frappante Ähnlichkeit der Gesichter auf den steinernen Denkmälern mit den Indios seiner Umgebung überhaupt aufgefallen ist.

Abenteuerlich, sehr oft gefährlich, bizarr und manchmal grotesk nehmen sich die Ereignisse für uns heute aus, ein echter Abenteuerstoff — und doch ein unvergängliches Kapitel Entdeckungsgeschichte.

Arena-Länderreihe – lebendige Kulturgeschichte

Diese Arena-Sachbuchreihe will die Geschichte, das Besondere eines Landes und das Leben seiner Bewohner zeigen. Diese Zusammenschau wird besonders bunt und lebendig durch die Art der Textgestaltung: Augenzeugen und Zeitgenossen berichten vom Schicksal und den Schönheiten dieser Länder in Vergangenheit und Gegenwart. Bisher erschienen in dieser Reihe folgende Bände:

Hans-Christian Kirsch: England aus erster Hand

Heinrich Pleticha: Italien aus erster Hand

Gudrun Pausewang: Südamerika aus erster Hand

Hermann Schreiber: Frankreich aus erster Hand

Georg Schreiber: Balkan aus erster Hand

Reinhard Federmann: Rußland aus erster Hand

Hermann Schreiber: Österreich aus erster Hand

Heinrich Pleticha: Afrika aus erster Hand

Alle Bände haben Sachbuchformat, 290–350 Seiten, zahlreiche Fotos auf Kunstdrucktafeln, Karten, vierfarbig laminierten Schutzumschlag.

Weitere anspruchsvolle Sachbücher mit authentischen Texten und Bildmaterial sind in Vorbereitung, darunter zwei Bände, die in den chinesischen und polnischen Kulturkreis einführen.